陆费逵自述

陆费逵 著

泰山出版社·济南·

图书在版编目（CIP）数据

陆费逵自述 / 陆费逵著. -- 济南：泰山出版社，2022.12

ISBN 978-7-5519-0741-5

Ⅰ. ①陆… Ⅱ. ①陆… Ⅲ. ①陆费逵（1886—1941）—自传 Ⅳ. ① K825.42

中国版本图书馆CIP数据核字（2022）第169967号

LUFEIKUI ZISHU
陆费逵自述

责任编辑 程 强
装帧设计 路渊源

出版发行 泰山出版社
社　址 济南市泺源大街2号 邮编 250014
电　话 综 合 部（0531）82023579 82022566
出版业务部（0531）82025510 82020455
网　址 www.tscbs.com
电子信箱 tscbs@sohu.com
印　刷 山东新华印务有限公司
成品尺寸 150 mm × 230 mm 16开
印　张 11
字　数 140千字
版　次 2022年12月第1版
印　次 2022年12月第1次印刷
标准书号 ISBN 978-7-5519-0741-5
定　价 39.00元

凡　例

一、本书收录了作者的相关经典文章或片段，主要展现了作者的学术历程或情感操守等。

二、将所选文章改为简体横排，以适应当代的阅读习惯。所选文章尽量依照原作，以保持文章的时代原貌，有些地方参照当下最新的整理成果进行了适当修改。

三、所选文章没有标题或者标题重复的，编辑时另行拟加或改拟。个别文章为相近内容之汇辑，另拟新题。

四、对有些当时使用的文字，如“的”“地”“得”“化钱”“记帐”等，均一仍其旧。

目录

我之童子时代

我生于陕西汉中府，幼时之事，多不记忆。惟有数事刺激甚烈，印象甚深，至今犹能言之。

我五岁时，我母教我识字。后我母病，我父令我入塾。塾在汉中府署花园内汉台上，即汉高祖拜韩信为将之处也。塾师甚严，我甚畏之。有时我淘气，师辄拧我耳，我恨极，非上课时，绝不登汉台。我母病愈，我仍由母教，不复入塾。

汉中府署颇大，夜游必秉烛，我父不许，我恨不能自制。正月中出游街衢，见人制烛，大喜，归与乳母商（彼时我已断乳，但仍由乳母照料），取堂中供祖宗之蜡泪，置釜中熬之。乳母代我以灯蕊扎烛心，我则以之投入釜中，遂成极细之烛。夜间出游，辄燃之。自用自制之物，其乐诚不可及。

一日，与我弟踢毽子，闻人言制毽不可用死鸡之毛，须拔生鸡之羽为之，我乃令乳母为我捕一雄鸡，拔其尾上之羽。方拔一羽，鸡大啼，我恶之，令乳母捉其嘴。迨我拔毕，鸡已闷死矣。我心大哀伤，自后不虐生物。

一日，见人熔锡，归而效之。觅得旧锡壶一，日日熔之。或倾地上成一平面之物，或倾水中成假山。不及一月，锡皆变粉，不能再熔矣。

一日在厨中弄火，一炽炭入棉裤中（时着开裆裤），棉裤出烟。乳母见之，趋来，我见其来，亟奔出，彼逐我奔，卒至炭火伤肉，痛极不能行，方止。迨乳母取出炭火，我腿肉已焦矣。

我五六岁时，能辟骨牌，能上树。六岁冬季，由汉中至南昌，途中行八十四日，有数事我至今不忘。上船之际，我舅氏家诸人相送，有泪下者，我母亦下泪。乳母送我等至城固，我坚不令去。我母召我，乳母乘机上岸。我知之，大哭不已。我母曰："汝必不舍乳母者，汝偕之去。"我方止哭。

舟行至汉水最险处，我与仲弟由二仆偕上岸。舟由左右前后四纤牵之，行于两巨岩中，少不慎，成粉碎矣。我等在岸观之，殊心悸不止。舟抵老河口，换巨船，达汉口，眼界为之一阔。始食大虾（汉中仅有小者且不佳），甘美无伦。旋侍我父访戚武昌，小艇遇风，颠甚，大呕，虾尽呕去，我弟笑我无口福。

岁暮抵南昌，戚友尊长询我途中情形，我一一告之。后遂成为例，每见我必令我背沿途地名，我辄以汉中、城固、兴安、均城、老河口依次答之。

我七岁至十二岁之际，非常好弄，兹择最有趣之事述之。彼时记忆较强，记得之事实不止此也。

八岁之冬，我母大病。祖母及女佣极信佛，辄以信佛诏我。我母病重时，令我往城隍庙求神。我入庙，肃然起敬，虔心祈祷。未几，我母得良医，病旋愈。祖母、女佣以为神佑，我亦深信之。南昌风俗，五月间辄赛神，祖母命我等见神必拜，否则有祸。一日，人家嫁娶花轿行过，我以为神也，亟下拜，见者皆大笑，我方知其误。

我幼时悉受母教，惟九岁一年，因母病初愈，出就外傅。业师刘姓，以能文名。初入学时，我极痛苦，后渐习之。年终求吾母曰："明年仍在家受母教，不愿入塾。"母允之，自是遂悦学。

南昌戚友甚少，最相得者为我姑丈之弟张文书和其侄张裕珍女士，及望衡而居之伍纫香君，三人皆与余同岁。当七八岁，恒往姑丈处，与张君叔侄嬉戏。以骨牌作人家，天牌、人牌、长三、虎头、梅花等用作墙或几，而以三六、二六、三五、二五作男子，么四作女子，和牌作中年妇人，地牌作童子，长二作男仆，么五作婢，五四作女佣，玩之终日，津津不倦。每日课罢，辄至门外，与伍君谈话嬉戏。风雪之外，无日不然。前岁邀与共事，今春已归道山矣，悲夫！

一日，与群儿戏后园中，倚屋有梯，我缘之而上，写"大王在此"四字于屋漏。写未竣，我母适来，惧我之见而惊堕也，亟趋入。夜间方扑责之。

九岁，夏日，我母惧我等戏于烈日下也，奖励习字。每写一张，给制钱一文，我努力为之，最多之日，写至五十六张，倦则不写字而阅《纲鉴》。余文理未通，每多附会。一日，阅《明鉴》，见有"陛下负臣，非臣负陛下"，询吾母曰："臣不背负君，反令君背负臣，此何说也？"我母大笑，旋为解"负"字之义。我恍然曰："然则犹云他对不起我，非我对不起他也。"

我家厨夫侯姓，我人呼之曰老侯，老侯于吾父结婚之年来吾家，去岁方去，年七十矣。在我家三十余年，谨慎忠实，吾家人皆喜之。惟嗜酒，日必饮少许。我散课后，辄以酒饷我。一日我饮而大醉，我母责我。我因醉中，大呼曰："打死我亦要饮酒。”母大恚。及醒，母告我以酒之害，自是不甚饮。

八九岁时，与群儿作贸易之戏。以香杆（焚香剩余之根）作货币，以种种玩具作货物，久之，余积香杆盈箧。忽罢贸易之戏，而为烹饪之戏，购泥制小锅炉，而以香杆作薪焚之。前之视为货币者，今忽以薪视之。儿童性质之变化，何其甚也。

十二岁后，性质一变，不好作儿时嬉戏。两弟嬉戏，余必扰之。一日，两弟玩泥人，布满桌上，见余自外至，大惊曰：“哥哥又来了。”急收拾而珍藏之。

彼时余好习画，我父恐妨读书，严禁之。我则于黎明起床时窃习之。十四岁时，邻人浼我绘屏四条，悬之堂前。邻人之母以我绘告我父，我父不之信，我极得意。然自后好阅新书，自习算学，不理绘事矣。

十三四岁时，好为高远之理想。忽欲为商，则以大富豪自命；忽欲研究文学，则以大文章家自命；忽欲为美术家；忽欲为教育家。最奇者，某年阅探险小说后，思于东三省或沿海岛屿中，择一地经营。如何布置，如何进行，如何练兵，如何与外人战争，种种计划，思之数月，且询总角诸友，孰愿偕者。及今思之，犹忍俊不止。

（原载于《中华童子界》1914年第1期）

内庭趋侍记

今年清明前十日，我妻忽然死了，我正患流行感冒病，尚未大愈，加上悼亡悲伤，身体更不好。许多朋友劝我换地休养。我就往杭州去，在西湖边住了十天。本想多住几日，遍游山里的胜景，无奈心绪不佳，天气又一晴一雨，竟没有一天游山。每日午后，只在湖上划船。夜间不甚要睡，想起这五年中，慈母弃养，良妻死别，心中好不自在。转想到做小孩时的情形，于是将我母亲如何教我、如何育我，我兄弟三人如何读书、如何做事、如何游戏，一样一样都想起来了。因为没有兴致游玩，又遇见上海一位朋友死了，我就匆匆回来。从前我的书籍、衣服、文稿、信件，都是我妻替我保管，现在何物放在何处，全不知道，只好慢慢地检点检点。今早检出我民国四年作的祭先妣文，不知不觉的读起来。

维民国四年六月十九日，哀子逵，谨以清酒庶羞之奠，致祭于吾母之灵曰：哀哀苍天，曷其不仁，夺我圣善，逵等兄弟，遽为无母之人也。吾父吾母，生我劬劳，逵等兄弟，差得成立。堂上双亲，方思报哺，不谓吾母遽以五十四龄之中寿，弃逵等而长逝也。回溯儿时，父恒远游；祖母老矣，傫然多疾。母侍祖母，无微弗谨；老人之心，殷殷曲体。馈遗亲友，必丰必盈。虽典钗珥，亦所不惜。母与儿辈，食贫甘苦。蔬菜之属，日四十钱。自非朔望，不得肉食。以此瘠苦，铄其形神。癸巳之冬，一病数月。气喘腿肿，床席辗转。尔时体健，幸得告痊。不谓病源，于兹已伏。二十年来，时作时愈，今竟以此而使逵等痛百身之莫赎也。戊戌之岁，实生亡妹。厥月未弥，祖母疾剧。母以孱躯，伺候扶抱。汤药之属，亲自煎和；矢溺之秽，亲自浣濯。凡两月余，昼夜靡懈。祖母年老，竟嗟不起；母以积劳，复罹大痛。母之形神，自是愈衰。其时逵辈，童子无知，不能分劳，反增母忧。逵辈兄弟，载蠢而顽；母之督率，宽严并用。黎明即起，起则早餐。七时栉发，八时课读。手理针黹，口授经书。逵读《孟子》，均自母讲，母之所讲，怡然涣然。《公孙丑》篇，不动心章，母云艰深，未之授解。逵虽屡读，成诵为难，膝下咿唔，恍如昔昨。枕由回思，肝肠断绝。逵与仲弟，从师日少，亦有叔弟，未就外傅。兄弟三人，依依家庭，庭训之外，均赖母教。母谓逵等，士贵立身，科举官吏，已为弩末。帖括之学，不可为训。训经既毕，复授史鉴。行有余力，则习珠算，旁涉绘事，并及弈棋。戏嬉弗禁，谰言必惩。邻右顽童，戒门以绝。惟逵不驯，屡舞蹲蹲。母则大怒，时加朴责。以逵之顽，不入下流。饮水思源，深恩何极。不谓一瞑，弃逵而逝。痛乎今日，母兮安在？虽欲趋内庭受朴责而不可得也。犹忆乙未，自秋涉冬，逵与叔弟，俱病疟疾。医药调护，实劳母心。时而蹶冷，母则抱之；时而作热，母则煦之。女仆赵妪，母尝与言："两儿不起，吾其死矣。"痛乎今日，母竟长逝。而两儿者，砚然面目，尚偷生于人世。迄乎癸卯，逵年十八，意将游学，与母话别。母曰："儿乎，好自为之。蓬矢四方，男儿之志。身体名誉，幸自保持。无或毁损，贻父母羞。"行矣勉诸，母为我念。逵秉母训，茕然赴鄂。逵既赴鄂，招仲偕往。楚报事作，先后莅沪。逵图糊口，仲则就学。遭家不造，吾妹又殇。庭帏承欢，惟叔在侧。丁未岁暮，逵归省亲。其时沪上南洋公学招考插班，事属例外，欲偕叔弟，来沪应考。顾瞻膝下，含意未申。载告严君，曰视母命。母则大喜，迅制衣履，敦促就道。顾谓逵等："吾子成名，吾死亦瞑。"豁达大度，如母之贤。彼苍者天，靳以遐龄。训子之报，未获万一，于以叹天道之果无知也。四年以来，逵与同志，组织书局，局事奔走，定省无恒。去岁赴都，母发旧病。儿归延医，饮以铫水，越旬渐愈，逵方心幸。今年之春，逵赴燕鄂。不谓母病，颓然又作。比逵反沪，为仲娶妇，母犹欣然，顾而乐之，旬日以来，并未增剧。德医诊视，渐克告痊。端阳前日，为母寿辰，方期祝嘏，以博母欢。一刹那间，变生不测，昊天罔极，竟夺吾圣善之母而去矣。呜呼痛哉，呜呼痛哉！沪滨租界，规则所限，将以明日，恭扶母榇。暂时安厝京江公所，并拟在沪，卜地择吉，窀穸是营，以奠母魄。庶几岁时，便于展拜。灵輀在门，载泣载言。父年虽高，起居如恒。伤怀之余，精神尚健。叔弟在美，驰函告哀。依旧资给，不令失学。逵之顽躯，如母生时。回视吾仲，亦颇自勉。儿妇婉娩，仲妇亦贤。在天之灵，勿以为念。呜呼吾母，儿家无母，家已中堕；儿辈无母，非夭即愚。儿方成立，母忽长逝。鞠我之恩，如父如师。儿今失母，岂惟无恃。训诲保抱，凡三十年。高天厚地，孤负深恩。呜呼吾母，呼母不应，哭母不闻，死而有知，儿其遇母于梦中。呜呼！哀哉尚飨。

这篇祭文，是我母亲去世后五日，我父亲命我作的。那夜且哭且写，神思昏迷，不晓得写了些什么。我妻坐在我旁，时时慰我，有时她也哭了。整整闹了大半夜，才作完了。次日请我一位朋友张献之先生看看，冗长的替我删去，颠倒的替我理直，太俗的替我改雅。最后两段，却没有改。张先生说，这是出于性情的，不是文家匠心所能用的了。今日读完之后，心中作如何感想，是不用说得的。不过这篇祭文说得不详细，怎能表示我母教养勤劳的千万分之一呢。我少时所受母亲的教训，不知有多少恒河沙数，现在所记得的，寥寥无几。我打算费点功夫，把他写出来。一则可以表示我母亲之圣善，一则可以作家庭教育学校教育的模范。不过小子不文，记忆力又不佳，仍不能表示我母教养勤劳的千万分之一。这也是无可如何的了。

我生在陕西汉中府，孩提之时，我母如何教我养我，我现在却一点不知道，一点不记得。料想无论何人，也都是这样的。后来听我母亲说，又看见我母亲教养我弟妹的情形，知道我母亲对于小儿，最注重的事，第一是不许多吃，吃奶有一定的时候，乳母奶如太多，宁可令其挤去。第二是不许多着，就是我们后来大了，无论怎样冷，不许着皮衣。所以我到现在仍不欢喜皮衣。二十岁上下的时候，总是棉袍过冬。第三是教学有规则的话，口齿不清，必要更正，下流言语，不准学说。第四是注重清洁，手而有污，必令洗净，衣服有污，必令掉换。第五是不许养尊处优，既能行步，不准背抱，倒茶倒水，不准叫人。第六是不许取他人之物，就是我和二弟玩耍的东西，都是各人分开，不得本人许可，不能私取。第七是注重兄弟和睦，二弟小我一岁，从小同食同游，如有一人在他室，遇有食物，必叫来吃，遇有玩物，必叫来看。如有几样物件，即由母亲替分。如一件大，一件小，大的必归我，小的给二弟。第八是注重空气日光，冬天也必开窗，每日必令在院中玩耍多时。

我小时性质不好，顶是淘气。这八样事，我有好几样常犯的。母亲为此生了许多回气。说了不听，再三的说。再不听，就要打了。打了一次，我有七八天听母亲的话。慢慢地又不大听了。所以我半个月左右，必被打一回。到了十岁以后，方才懂事，一说就明白，母亲也不打我了。我现在将我五六岁到八九岁，受母亲教训的事，先说几件，给大家听听。

我小时食量极好，也最好吃。有一年除夕祭祖之后，母亲往厨房照料，告我们道，我恐怕上来得迟，你们可先吃。厨中的菜，一样一样的盛来。等母亲入座，已来过五碗，被我与二弟吃去大半。又吃了些水果。母亲看见，就说道，过年做菜，本是给你们吃的，但是这样狼吞虎咽，恐怕年初一要泻肚啊。我等再要吃，母亲不许，令去玩耍。未到天明，两人都泻起来了。以后遇年节祭祀，母亲必先说笑话道，小心半夜泻肚啊。

我小时略有一点陕西土音，把书字念如夫字。我母亲再三为我正音，到准确而后已。又一日，听街上儿童骂人，我学说了两句，母亲止我勿说，并且训我道，这是下流人骂人的话，好好的小孩子，是不当说的。明日我又学着说，母亲又教训我。如是者好几天。母亲道，你是不打不记得的。打了十几下，我母亲却自己在那里流泪。我问母亲道，娘打了我，应该我哭，怎么我不哭了，娘反在那里哭呢？我母亲说道，你才五六岁，就会学着骂人，教训了几天，都像耳旁风一点不肯听，像这样子，长大之后，是个什么样的人呢。不要和某某某某一样吗？我听了大惊，心中却是希奇，怎么学骂人就会坏到这种样子？但不敢问母亲，却被母亲的恩威所感，就很恳切的说道，娘啊，我以后再不说了。

我小的时候，着衣裳很不小心，又污又费。七岁的那年正月，因为要到亲友家拜年，母亲为我做了新袍子马褂，第一天就被我弄污秽了。母亲为我做了双缎鞋，没到正月初五，鞋头就穿通了。母亲恳切地说了一回，以后替我做鞋，总做云头的。多一层，可稍须多磨几天，但也不过一两月就破了。

我断乳之后，仍旧是乳母带着。我常要乳母背，我乳母很欢喜我，也愿背我。但在家中，怕父亲母亲说，总不敢要乳母背。一出大门，乳母就蹲下，我就拥着他的颈项，背起来了。有一天，母亲问我道，在父母面前不敢做的事？离开父母应该做么？我答道，不应该。母亲又说道，你有没有这样的事？我不敢答应，心中在那里跳，知道要乳母背的事情，被母亲知道了。停了些时候，母亲又说道，你想不起么？我告诉你，你一出门，就要乳母背。你想想看，你这么大了，你乳母背着，不吃力吗？况且我与你父亲，都说过不许再要人背，你不听，已不应该。却反会瞒着父母，去要乳母背。你想想看，应该不应该？母亲说到这里，我哭起来了，母亲一定要我答应，我没法，只好说道，不应该，以后不了。母亲方才欢喜，替我揩眼泪。我见母亲颜色和悦，我也不哭了。

我母亲看见我们做无害的游戏，不但不阻挡，反帮我们玩耍，教我们方法。我五岁时，见蜡烛铺制蜡烛，回家就要自己制造。母亲、乳母替我取祭祖宗的烛泪，点灯的灯草，给我做材料。我做了半天，灯草扎得太松，就散开了。母亲、乳母又恳切教我，造成的蜡烛，比市上卖的，虽差得多，但也可以点了夜游呢。

我八岁时，见姑丈弟兄着象棋，回到家里就和二弟画了一个棋盘，把纸糊在钱上，写将、帅、士、相、车、马、炮、兵、卒等字，居然成功了。不过炮的地位，画在相的一行，卒下一格。那时已知道炮打番山，第一着就把对家的兵打了。又误以为马走田字，于是走的乱七八糟。被母亲看见了，母亲一面笑，一面叫我们照旧着，着了半天。母亲笑不可仰，说道，总算亏你们的，不过弄错了，我来教你们罢。重画棋盘，讲明种种规则。有时我们弟兄二人着，有时和母亲着。初和母亲着时，母亲让去两马一车一炮，慢慢的少让一子。到了十一二岁，母亲只让一车。不过现在风木兴悲，要侍母亲着棋也不可得了。

（原载于《中华教育界》第8卷第1期）

我的青年时代

俞庆棠女士在《申报月刊》二卷一期谈话，将我和爱迭生、高尔基、叶澄衷、杨斯盛四人举出，认为自己挣扎的模范。其实我不但不敢和爱、高二先生比拟，并且也比不上叶、杨二先生之万一。不过我在小小环境中曾自己挣扎过便了。

最近有人要我作自传，但是我现在身体仍未十分健全，且还有职务上的事要办，一时无从写长篇的自传，故先作就这篇《我的青年时代》以应，并以实《新中华》。

现在青年最痛苦的有五端：求学问题、职业问题、生活问题、婚姻问题、政治问题。我现在就将我青年时代的这五个问题略微谈谈。

（一）我的求学　我幼时母教五年，父教一年，师教一年半，我一生只付过十二元的学费。到十三岁，读过《四书》《诗经》《书经》《易经》《左传》《唐诗三百首》六部书，没有造过句，没有作过文。因为先母主张多读多看，反对挖空心思作八股，并反对作疏空的论说，却学过珠算，看过《纲鉴》。我十三岁正是戊戌年，我那时勉强能看日报和《时务报》，有点新思想了，和先父的思想不免冲突；先母却赞成我的主张，于是便不照老式子读书，自己研究古文、地理；后来居然自习算学，并读格致书了。那时随侍在南昌，有一个阅书报社开办，我隔日去一次，午前九时去，午后五时出来。带一点大饼、馒头作午餐。初时尚有阅者二三十人，后来常常只剩我一人。管理员也熟了，他便将钥匙交给我，五大间的藏书，好像是我的了。这三年中，把当时新出的书籍杂志，差不多完全看过；旧书也看了许多。遇欢喜的，便摘抄于簿子上；遇不懂的，也记出来，以便查书或问人。不上阅书报社的那天，便在家里用功。那时订阅中外日报，有时看《申报》《沪报》，报上遇着地名，便去查地图，所以我对于地理一科格外有兴趣。照这样做了三年，学问渐渐进步，文理渐渐通顺，常识渐渐丰富。十七岁——实在未满十六岁——便教书。从十七岁到二十六岁，每日早六时至八时，一定自修，晚间也差不多总是自修或编著。十九岁著《岳武穆传》——未刊，至今存箧中——《恨海花》小说、《正则东语》教科书。二十岁为汉口《楚报》撰论文小说。二十一岁著《本国地理》，为《申报》《南方报》作论说。后来编教科书，主持《教育杂志》和师范讲义；自己编著的有：文明的修身、国文、算术，商务的简明修身、最新商业修身讲义、伦理学讲义、学校管理法讲义等。二十七岁以后，职务繁忙，不能从事编书，但计画编辑、校阅稿件和作论文，却永不间断，每日总有一二小时读书、阅杂志。我以为青年人只要识得二三千字，能阅粗浅书报，便有自修力量。

（二）我的职业　我十七岁教书，是几个小朋友一时的兴奋，捐集经费二十三元开办一个小学校。他们渐渐不过问，我一人支持了八个月。我不但不支薪水，反回家吃饭，二十七个学生，有八个是免费的。每月学费可收五六元，作为房租及一切开销。——一个校役，是我父原用的小当差，他积蓄有数十元，情愿不要工钱充校役，要求我每日为讲书一小时。他已有二三年程度，我为讲《饮冰室自由书》和《黑奴吁天录》。——后来结束，不但没有亏空，还剩四元几角。我十八岁春天，吕星如先生约我到武昌，叫我教他三个弟弟的国文、算学，他教我们日文，供我膳宿，彼此不出学费。十九岁有几个朋友要在武昌开一小书店，有人说："伯鸿干，我来股；伯鸿不干，我不来。"于是推我任副经理。后因意见不合，股东分家，另开一店，举我任经理，前半年只支月薪六元，后半年支十元。做了一年，居然盈余一千余元。店屋朝西，夏天热得身上出油。——最热一百十六度——店后一小间，半间作经理室，办事睡眠都在这里；半间作厨房，煤灰和油气弄不清楚。店内没有厕所，日间到隔壁客栈便溺，夜间要走半里路转三个弯去上街厕。但是我一切都忍耐着，从不说一句苦。二十岁的秋天，吴趼人先生《楚报》合同期满，不继续了，报馆请我和张汉杰、冯特民去接办，我的薪水每月五十元。我和特民轮值，今日编新闻，明日著论说，居然很受阅者欢迎；后来为宣布粤汉铁路借款合同，被官厅迫得停刊了。我到上海，任昌明公司支店经理一年，任文明书局××一年半，——文明书局职务无名目，但编辑、印刷、发行件件都管，彷佛现在通行的襄理。每日工作常至十余小时，增加经验不少。——兼文明小学校长。在商务印书馆办事三年半，前半年任编辑员，后三年任出版部长兼交通部长、《教育杂志》主任、师范讲义主任。总之我不怕多办事，职务尽管加重，我还是悠然自得的，知我者恭维我善调度，不知者说我不做事，自己看报谈天，却指挥助手，像煞有介事理。——二十七岁任中华书局总经理以至于今。中间经过无数的波折痛苦，恕我不愿详述了。我有一件事可自豪的，就是入世三十二年，从未赋闲。我对旧职业略有不满，便有人来请。最可感的是民六中华书局风潮时，范静生先生要我去教育部帮忙，先外舅高子益先生要我在外交上任事，《新闻报》馆汪汉溪先生要请我任总主笔，还有其他方面殷勤劝驾，我抱定有始有终的宗旨，不肯中途离开，心中却是十分感谢的。

（三）我的生活　我生活很简单，一切事体都会做，煮饭、烧菜、补衣、梳辫——前清男子都有辫子，普通隔一二天叫剃头匠梳，我十三四岁时父亲便叫我自己梳——自己都干。一般人看见中华书局总经理吃大菜，不知民十以前，我在书局吃饭，有时无暇，便吃几片冷面包；或买二十文的粥，十文的萝卜干，也就是一顿。后来局中不供膳，我才回家吃饭。我的用度很俭省：不看戏，不看电影，不至跳舞场。我从前偶作叶子戏，近年也不弹此调了。家中没有厨子，没有男仆，有时女佣买菜，有时主妇买菜。我不在外面吃点心，家人几年上一次菜馆。衣服也很随便，新的衣服总不愿意穿，常常放在箱子里，放旧了才穿；小孩子布衣布鞋，女扮男装，妹妹好穿哥哥嫌小的衣服……惟其如此，所以我能不为生活所屈，自行其是。我的最大用度，除应酬、买书外，早年是两弟读书，并补助亲友子弟读书，以及父母的养生送死。最近有担任仲弟遗孤的教养费。现在一般提高生活的议论，实在害人害己，吃的好，未必卫生，着的好，不过做衣服的奴隶，游戏更有害无益。我们穷国穷人，学苏俄的刻苦经营，或有出头的日子；若学富国的舒适，那便是自寻死路了。

（四）婚姻问题　我们弟兄幼时，都未订婚，有人作媒，先母总拒绝说："我的儿子好，不怕没有媳妇；我的儿子不好，何必害人家的女儿。人家女儿好，不怕没有女婿；人家女儿不好，不犯着早定来害我的儿子。"我入世以后，薄有虚名，作伐的不必说了；有富翁要我招赘，我不允；族兄某要代我完婚，生一子嗣彼，我也不允。有一极相得的女友，但事实障碍，势难结合，我便处处小心，避免深谈。我对于男女间有两见解：一则爱之不可害之，二则爱人不可害己。所以我常说：爱是一件事，为我有又是一件事，若爱便一定要为我所有，那就走入魔道了。况且一个人责任很多，怎可为婚姻问题牺牲一切。我后来能自立，方才婚于高氏；元配断弦，续娶杨氏：都觉着非常美满。妻子也信任我，毫无误会。信用要从家庭立起，家人不信用，怎能得社会信用呢？

（五）我的政治思想　我十二岁时，很想作画家。十四岁想作文学家、报馆主笔。十六岁研究算学最热心的时候，想作科学家。十七岁革命思想大盛，十八岁到湖北，便与党人往来。后来组织日知会，我是干部之一，会章便是我起草的。当时所开的小书铺，大卖其《警世钟》《猛回头》《革命军》等书。同志入狱，他人都不过问，我时时接济入狱的一点费用。但是看见党人倾轧卖友，能力薄弱，知道个人非有学问有修养不能成事，社会非有教育有风纪不能有为。后来便努力自修，努力工作，仅从旁赞助革命了——辛亥三月黄花岗之役，我助学生吕烈曜赴粤，事败回来，匿我处，我又助其行。民五讨袁，及袁死后，调和唐

（绍仪）梁（启超），也曾与范静生共同努力。——我是一个有政治思想而不喜政治生活的人，所以到现在虽然没有什么政治上的成就，却仍喜谈政治。然因政治思想浓厚的缘故，对于现实政治不满，不免增加痛苦。但是我们要明白，思想比现实高一步，方有进步；然而痛苦便永不会免的了。

这五个问题，大致说过了。总括一句话，便是要努力、节俭、有信用。具此三条件，没有不能求的学问，没有不能干的事业。生活自无问题，家庭也有幸福了。政治上的痛苦，不到天下大同，永远不会消灭的。因为政治在过去在现在，只有比较的好坏，没有绝对的好坏。而且现实进一步，思想更进一步；现实不能追上思想，——况且思想不止一种——便不能不痛苦。试问那一国有思想的人，满意他国的政治？我人对于政治可作种种研究，可作种种运动，但如因思想与现实冲突而苦痛过甚，而心灰意懒，或有轨外行动，那便不是了解政治的人呀！

（原载于1934年3月25日《新中华》杂志第2卷第6期）

我为什么献身书业

我十七岁到社会上做事，现在二十年了。除了办过几时教育事业和新闻记者外，差不多都是在书业任事，恐怕是我的终身职业了。

我为什么要献身书业？其中有两个动机：第一次是我十九岁那一年，几个同志因为买书困难——一方是经济困难，一方是购觅不易，——大家想开一家贩卖书籍的店，一面营业，一面有书可看。凑了一千五百元股本，在武昌横街开办，招牌叫“新学界”。做了一年，营业达一万余元，除了开销，还有些盈余。那时开销很省，房租十元，薪工约二十元，——我任经理，前半年月俸六元，后半年十元；账房五元，伙计二人各三元；学徒二人各二百文；伙夫一人一千文，——伙食约十元，灯火杂用连临时费约二十元，每月开支共计约六十元。我为什么不做了呢？一则那时年轻，没有忍耐性，一受委曲，就要闹脾气，就要丢纱帽。二则苦得了不得，店屋共二丈宽，四丈深，前面是店堂，后面分为两间，就是经理室和厨房；煤灰吸个饱，太阳晒出油；——屋朝西——又没有厕所，日间往隔壁客栈里出恭，夜间上街厕，要走半里路。当时武昌的习惯，正月元宵前，店里同事照例，大家回家玩耍，我一个人守店，一步也不能出门；有几日伙夫也不在，只好自己煮饭吃。我辞职后，改就汉口《楚报》的主笔，办了三个月，因为粤汉铁路借款和张之洞冲突，就停办了。我到上海来，想往日本留学。其时昌明公司将本店移汉口，要请我任上海支店经理，我先不答应；后来研究书业的前途，觉着希望很大，我允许暂任一年。我那时有一篇《书业前途之预测》，刊在《图书月报》。拿当时日本的状况做比例推算中国书业，每年应该有三万万元之营业。年少气盛，野心勃勃，就决计献身于书业了。后来我就没有离书业，在文明书局帮办编辑和事务约两年，在商务印书馆办出版部、交通部和《教育杂志》、师范讲义，约三年；民国元年到现在，一直在本局服务。中间民国六年的风潮，闹得几乎不了。原因很复杂，就我本身想起来，有三种缺点：第一，经济缺乏，没有应变的财力。第二，经验不足，没有预防的眼光和处变的方法。第三，能力不足，没有指挥全局的手腕。后来办大事业的人，对于这三端应该好好的研究研究！

我的长处，我也不必客气，不妨说说。第一，专心。我有许多机会可以做别种商业和入政界，但我始终不为所动。第二，忍耐。近十年来，无论怎么样我都忍耐得住。第三，不失本来面目。我从小到现在总不断的看书，不阔绰。这三种虽没有甚么价值，但却也是办事必须条件。

（原载于《中华书局月报》1922年第2期）

我国书业之大概

我国出版事业，发达最早。木版印刷，据说始于冯道；然决非冯道一人创始，大约隋唐间已有之矣。至宋益形进步，刻本既多，字体亦佳，今所谓宋版者是也。明代刻书亦盛，今世所谓版权者，实始于明代。盖刻一善本，不许他人翻刻，故书上常有翻刻必究字样。其与著作权不同者，则吾国素守述而不作之训，又未知精神可为权利，故只认物质权利之版权，而不认精神权利之著作权也。

欧美各国印刷术由中国传去，虽无确证可据，但我国为世界印刷业之先进，则为世界所公认而可断言者也。然我国无论何事，发明虽早，进步甚迟，印刷术亦然。我国沿用木版，多至千余年而无改革，反不若欧美等后起者进步之速。至欧美新印刷术输入我国，在咸、同年间，先有教会设立之印书馆及石印局；当时石印极发达，夷考其故，则以石印字小，便于考场携带也。距今二十年前，出版业渐始发达，彼时日本人在沪经营者，颇有势力，其后渐衰。盖一国之“文字”“习惯”及“国民性”，均非外人所能了澈；故出版业亦非彼等所能经营也。我国大规模之出版、印刷事业，殆只有商务、中华两家；且均以学校教科书为主，稍高深之书，殊不易销，良著亦不多见，实可谓仍在幼稚时代。十余年前，余曾以当时之日本为例，推算我国书业，每年应有三万万之营业。然此犹昔日情形，今若以现在之日本为比例，则应加一倍以上，若以美国为例，营业数目之大，更令人惊骇莫名矣。美国有一种《家庭杂志》，常销三四百万份，全年营业，约达二千万元，我国最发达之报，日常销数不过二三万份；即出版业所有之营业，亦不过千余万元。相较之下，实有不伦之概。我国书店，除商务印书馆与中华书局外，其营业较大者，厥为卖小说之书肆。以《三国演义》一书论，每年销数达三四十万部。查小说书坊发达之原故，当因人民智识太浅，舍此等小说书外，他书不能阅耳。此刻欲补救此弊，厥有二途：（一）普及教育，增加人民智识。（二）发行代替小说之科学或文学书，以便人民购阅，则社会一般人之程度，当可徐徐增高也。我国书业如此幼稚，而经营却极复杂。盖欧美各国经营出版业者，恒不自办印刷；营印刷业者，分工复细，“铅印”“石印”“照相”“制版”“雕刻”等，各专其业。我国则因社会此种实业尚未发达，故凡关于书业一切之必需物，皆须自营；外人来参观者，辄觉商务、中华两家，博而不专，彼等殆未知我国情形者也。

我国书业之组织，与欧美不同之点，尤不止此。譬如以分店论，查外国书业之分店，至多不过三数处；若我国则不然，如敝局与商务书馆分店，各多至三四十处。然所以如此者，亦有二故：（一）货币不良，价值不定，而分销处买卖不多，安能代受此种亏累。（二）交通不便。交通不便，则运输为艰，且销处资本极小，不能有充分之预备，于是内地学校需要课本时，每感不便，此又不得不自设分销。

至于我国书业之组织，规模小而资本微者，实无组织之可言。盖资本小，则无详细分工之可能；无分工，则组织简单，不言而喻矣。商务书馆及敝局组织大约相同，今且就敝局略述之：敝局系一股份有限公司，资本百六十万，股东千余人，以如许资本，有如许股东者，因其中无最大资本家也。敝局组织，系设“董事”九人，“监察”二人，一年一任。“经理”由“董理会”推举，其办事之组织，分总公司、总店、编辑、印刷四大部，其中又分若干部课。（各部课名目情形，笔记从略。）

今鄙人已将我国书业，大约为诸君约略一谈；然我为何从事书业，言其动机，大约有二：（一）我十九岁时，因感买书不便，遂自动的欲开书店，与友人集资千余元，办一书店于武昌。开设一年，计营业达万余金，略有盈余。后来因从事于此，则无暇读书，又因不堪其苦，遂辞职。（二）由鄂来沪，本欲东渡求学，适昌明公司移本店于汉口，要我任上海支店经理，屡辞不获。又见书业大有可为，一则“外国人”不能与我竞争，盖“外国人”言语不通，文字不习，实不能控制我国书业。而旧书商多无学识，吾人投身其间，不惟可改良书业，且易出人头地。有此二点，鄙人遂勉就是职。后来又因自己自视太高，不能忍耐，小受委曲，即欲舍去，原约一年为限，届时辞职。后在文明书局二年，商务印书馆三年，民国元年任中华书局之事，迄今十一年矣。阅世渐深，少年时之意气，亦渐减。盖当时不肯以第二等人自居，今则自知才力有限，勉强任重，时虞不胜，故就个人之觉悟与经验，为诸君一谈立身处世之道。

我国少年学生，毕业后莫不自视很高，不屑琐事。即偶就一职，亦不能自安其位；甚且谓社会不良，怀才不售。问其所怀之才，窃恐未必适用。故余谓学生就职困难，社会固不能无过，然学生自己更不能无责。普通学生所缺之点，大约有六：（一）无根底学问。（二）无普通常识。（三）技能不适。（四）身体不好。（五）无商业道德。（六）不知勤俭储蓄。（说明未笔记）有此六故，更益以骄傲之气、暴躁之习，欲得社会之帮助，亦爱莫能助耳。以后诸君从事，总宜忍耐勤俭，不愁无资本；资本是由储蓄得来。美国各大资本家，莫不出身微贱，不过资本非劳力不得；不劳而得之资本，如祖父遗产，吾人视之，实不值一钱也。望诸君勉之！

今日余蒙贵校长陈先生及教务主任姚仲拔先生，请我来贵校演讲中国书业情形，自惟学识浅陋，贵校系高专性质，浅近之言，恐无所贡献于诸君，尚乞诸君原谅！

（原载于《中华书局月报》1923年第4期）

中华书局二十年之回顾

与中华民国同时产生之中华书局，今已与中华民国同为成人矣。此二十年中，中华书局之命运，几为中华民国之雏形；尤奇者民六七月一日，张勋复辟，民国中断，中华书局亦于是月移交于承租者，岂冥冥之中竟有命运存焉乎？何其巧合也。

古人云："其作始也简，其将毕也钜。"当中华书局草创之时，以少数资本，少数人力，冒昧经营，初未计及其将来如何。开业之后，各省函电纷驰，门前顾客坐索，供不应求，左支右绌，应付之难，机会之失，殆非语言所能形容，营业之基础立于是；然大势所迫，不容以小规模自画矣。于是改公司，添资本，广设分局，自办印刷；二年范君静生来长编辑，努力改良，充实内容，新制、新式教科书之优良，八大杂志之风行，《中华大字典》之为空前良著，洵可谓盛极一时矣！

就设备方面言之，三年七月购置静安寺路厂基，四年开工，五年夏落成，复于福州路河南路转角，建筑总店，五年秋落成。就营业方面言之，岁有进步，民国六年上半年，营业逾百万，以其时物价与现在换算，相差几倍，迄今半年之营业额，从未超过两百万元，是彼时为膨胀最盛之时代矣。经济学家言："膨胀即恐慌。"不幸在最盛之时代，演出绝大之恐慌，非身历其境者，殆决不能置信也。

恐慌之原因：第一由于预算不精密，而此不精密之预算，复因内战而减少收入，因欧战而增加支出。二由于同业竞争猛烈，售价几不敷成本。三则副局长某君个人破产，公私均受其累。迨后出租收回，讼事纷扰，情形尤为复杂。当此之时，危机间不容发。最困难之时代，凡三年余，此三年中之含垢忍辱，殆非人之意想所能料。民十以后，元气稍苏，基础渐固；然民十五受同业压迫，民十六受工潮影响，其危机又间不容发。十余年来，股东债权热心维持，同人工友效死勿去，社会各方扶助维护；此不绝如缕之文化机关，数从死里逃生，今能与中华民国同庆成人，不得不向护法诸君致谢者也！

热心维护此文化机关，而已作古人者，有四人焉：一为戴懋哉先生，守正不阿，刻苦自励，前后任董事、事务所长、编辑所长凡十四年，其行为与设施，至今犹奉为典型也。一为范静生先生，目光远大，不计利害，在局虽仅四年，然服务勤劳，时间恪守，编辑基础于以固，社会声誉于以隆；而东山再起之后，对于公司尤多擘画维持。一为陈仲瑀先生，豪爽恳挚，热心古道，厂店建筑之时，公之助力尤多，有时告以窘状，慨然曰："事业愈大，盘根错节愈多，君勿馁，吾为君图之。"临死犹以勿馁见勉也。一为宋曜如先生，子文部长之尊人也。公正刚直，情理兼顾，民六恐慌之时，公为股东，又为大存户，首与公司订分年摊还之约，且责起诉者曰："吾人当明是非，当与公司当局者共谋维持之方。若冒昧破坏，损失恐更大。"且不时惠顾，勖以努力恢复，屡言外国公司失败再兴者，方为真成功也。此四人者，不及见书局成年，遽归道山，殊令人悲感不置！至维护书局现尚生存者，内而董事职员，外而社会官厅，均有其人，追以我国文化落伍，实业未兴，故有心人辄加意矜全欤！

嗟乎！二十载光阴一瞬过，此区区事业，在此二十载中，演出无数之盛衰悲欢，至今仍未达成功之域。作始也简，将毕也钜，不知达到成功时，又将如何艰巨也。

（原载于《中华书局图书月刊》1931年第1期）

六十年来中国之出版业与印刷业

一、绪　言

《申报》六十周纪念，要我作一篇“六十年来之出版业与印刷业”。我十八岁那年（公历一九〇三），在武昌教书。有几位朋友，因为买书贵而费事，于是开一家小书店。黄镇磐君领东（这是湖北商界习语，意谓股东之领袖），我任经理，到现在恰恰三十年了。后来我任昌明公司上海支店经理，又进文明书局任事二年弱，进商务印书馆任事三年强，到中华书局任事差不多二十一年了。所以我于这六十年中的出版印刷事业，前三十年是耳闻的，我现在称它为“萌芽时期”；后三十年是亲历的，我现在称它为“苞胎时期”；再三十年或则可以称为“发达时期”罢！叙述起来，前三十年只能略说大概；后三十年可以比较详细一点。

我国习惯，对于出版业和印刷业，向来界限不分。古昔不必说了，就现在两个大的出版印刷业说：商务印书馆谁都知道它是我国惟一的出版家，它的营业，出版占十分之六，印刷占十分之三；但是它最初是专办印刷的，所以它的牌号到现在还有“印书馆”三字。中华书局在印刷业也占着全国第二的位置，彩印且占第一的位置。但是它最初只营出版业，不从事印刷，所以到现在仍是以书局为名。英文译名Chung Hwa Book Co.Ltd，更是表明以图书出版为专业了。还有许多招牌用某某书局，实际上或专营出版，或专营印刷，或兼营出版与印刷，就是我们同业，也很不容易分清它到底是出版业或印刷业，习惯上统称书业。所以同业公会也是称书业同业公会。就这两业性质说，在理论上应该分开讲，然而事实却无从分开，那是无可如何的！

二、 萌芽时期

此时期无编译新书出版，印刷多用石印、铅印，所以可用石印、铅印两名词包括出版业和印刷业。

雕刻术本系我国发明的。其起源虽不可考，然刻石总在二千年前，即周代末年。秦汉之际，到处勒石；现在汉碑存留的还很不少，即其明证。木版刻书，大概始于唐末；活字开始于宋，盛行于明，到清代武英殿聚珍版更有铜铸的活字；《武英殿聚珍版丛书》印至八百种之多。

刻书与火药、罗盘一同输入欧洲，为近代文明发源的三大功臣。近百年来，西人利用科学改良发明，印刷业在此短时期中，有形形色色之进步；若非身历其境，几乎不能相信。

约八十年前，教会为印新旧约等书，用西洋制铜模铅字方法，制成汉字的铜模，是为外孙回外婆家之开始。此种字模，稍觉笨拙。当时除教会书之外，应用极少。惟申报馆用以排报之外，并刊行《申报馆丛书》数十种。我少时还看过。所用的墨，因调和不得法而渗油，笔画的四周，有黄黑色的油迹。

四十余年之前，集成图书局——本西人所办，后归席君子佩——制一种扁体铜模，排印《图书集成》全部及《二十四史》

全部，其工程也很不小。且当时不会制纸型，全部制泥板浇铅版保存，工本既大，占地又广。——此铅版直保存到民国二年，因集成图书公司改组民国第一书局，继而停办；其中有鄂政府公款，于是将全部财产运往汉口，此铅版也渐散失了。——这是外孙直接回来的一段历史。

另一个外孙往游日本，适当彼国维新的时候，彼国印刷界知识界不满于教会的一副铜模，自己重行制造。结果有两种最著名：一为筑地式，即筑地活版所所制；一为秀英式，即秀英舍所制。筑地式约于四十年前传入我国，现在我国通行者，大概是就筑地式改良的。秀英式较秀丽，惟笔划较细。我国印刷界无用之者。惟自三十余年前以来，留日学生托该舍所印的书，流传国内也很不少。那时上海铅印业最著名的，为商务印书馆。但规模还不大，要让图书集成局和教会办的美华书馆做老大哥。

萌芽时期的铅印业，如前所述，殊不足道。所印的书既寥寥，每年营业也不过数十万元。

同时石印业却印书多而营业盛。因为科举时代携带便利的缘故，各种经书及《大题文府》《小题十万选》一类的书，都缩成极小的版本。后来科举改革，要考史鉴策论，于是《廿四史》《九通》《纲鉴》以及各种论说，又复盛行一时。一方为供参考玩赏起见，所有文学书画任何书籍，如《佩文韵府》《骈字类编》《佩文斋书画谱》……各种诗文碑帖等，均翻石印；一方为投一般民众的嗜好，所有旧小说如《三国演义》《水浒传》《红楼梦》等书，也都以石印印行。当时最著名的石印书局如点石斋、蜚英馆、慎记书庄等都很著名。

当时的石印书局，因自已不编译，专翻印古书，所以没有什么编译所的名称。大概在发行所或印刷所另辟一室，专从事校阅。总校一人，一定要翰林或进士出身，月薪三十两。分校若干人，举人或秀才出身，月薪十两左右。搜觅到一种书，经理决定要印，便照相落石，打清样校对，校过便印订，所以出书是很快的。当时纸墨质佳而价廉，故彼时石印书，颇有极精美的。

平时生意不多。大家都注意“赶考”：即某省乡试某府院考时，各书贾赶去设临时商店，做两三个月生意。应考的人不必说了，当然多少要买点书；就是不应考的人，因为平时买书不易，也趁此时买点书。——夏清贻著《金陵卖书记》即记赶考情形，形容书贾及赶考士子，淋漓尽致。——到考期完了，各店要收歇而去时，颇有便宜书可买，比新开时竟有差至一倍以上的。

此时期的全年营业，虽无统计，但大概石印书总有一二百万元。三十年前，清朝废科举，于是石印书一落千丈。考试的书，原售一二元的，此时一二角也无人要。大的石印书庄，因考试书的倒霉，都关门了。只剩几家专印古书或小说的小石印书坊了。

三、 苞胎时期

此时期开始于光绪壬寅——公历一九〇二——到现在恰恰三十年。

此时期之发轫，由于前清之废科举、兴学校。就新式教科书说，我国第一部小学读本为朱树人编蒙学课本，出版于壬寅前一年；我国第一部有图画的小学读本为文明书局出版，无锡三等学堂编《蒙学读本》七编出版于这年。朱编内容仿外国读本体例，用二号铅字排，但无图画，颇风行于一时。三等学堂编者系石印。前三本为初级读本，第四本完全系修身书，第五本系摘子史中之寓言，第六本系记叙文，第七本系论说文，由俞复、丁宝书、吴敬恒等执笔，丁宝书绘图，杜嗣程缮写，书画文有三绝之称。

因《蒙学读本》之印行，于是有文明书局之创办。文明书局所出蒙学及中学高小各科课本，尤其是历史地理风行最广。丙午——一九〇六——以五万元资本，营业至三十余万元。其中有可述的两事：一，正式的出版家，尤其是教科书出版家，当以文明书局为第一家。二，照相铜版当时日本能制，我国不能制。赵君鸿雪本工书画，解机械——能修打簧表——精照相，往日本欲习照相制版，日人不肯真实教授。赵君遂自己研究，居然成功。

商务印书馆比文明书局早五年成立，但最初仅代印铅印印件，后来刊行《华英初阶》《进阶》《华英字典》……文明开办之后，商务方编印教科书，由张元济、高凤谦主持，日人长尾慎太郎、加藤驹二等任顾问。以日本明治三十七八年教科书体裁为蓝本，标名“最新”，其长处有三：一，各科完备。二，具教科书体裁。三，内容精审。其短处亦有三：一，程度太深。二，分量太多。三，各科欠联络，前后欠衔接。后来丙午、丁未、戊辰之间，集成图书公司、中国图书公司……等，编印新书，体例各不同。我在文明另编一套新书，因资力不足未完成。商务又编简明教科书，仅成修身、国语两种。其时学部所出教科书，听各省翻译，然编法体例，完全仿商务最新本，其太深、太多，欠联络、欠衔接，更有甚焉。但因政府的势力，销数却占第一位。

商务印书馆自丁未宝山路新厂落成，对于印刷努力进行，铅印、石印、雕刻等，均独步一时。文明书局因资本小，逐渐退步。集成图书公司、中国图书公司复失败，到满清末年，各小书局之印刷机械，不如商务一家之精且多。

民国成立，中华书局开办。先出版教科书，次办印刷。教科书体例一新，风行颇广。民国五年新厂落成，设备亦渐完备。然以资力不足，竞争太烈，民国六年几至不能支持。其后逐渐恢复，民十以三，稍能自立。全国所用之教科书，商务供给什六，中华供给什三；——近年世界书局的教科书亦占一部份。——政府及商界种种印件，亦略称是，商务、中华两家印刷较前大为进步。雕刻凹版凸版，橡皮版，影写版……以及种种印法，或为从前所未有，或为从前所未精。现在颇有观止之叹。但比之欧美，相差尚远；比之日本，也还不如。

近年又有一可纪之事。杭县丁辅之兄弟费十余年心力，取宋版书字体仿写制铜模，名为聚珍仿宋版。有方体、长体、扁体三种，款式古雅，字体优美。后归中华书局，排印《四部备要》二千余册，古香古色，可与清代最精之仿宋刊媲美。近年印名片者亦喜用此种字体。因为既较普通铅字雅观，又无缮写制版的麻烦。又有所谓“新四号字”“新五号字”者，形式与普通铅字相同而略小，与西文字母大小相同，中西合璧之书，尤为便利。现在中华书局及《申报》《新闻报》都有此种铜模。

上海书业——包括出版家、印刷家——现有一百余家。但除上述者之外，资本都不大，设备亦不全。惟英美烟公司之印刷厂，规模宏大，机械精新，为华商所不及。此外北平有财政部印刷局，以凹版著名。香港有永发公司，以橡皮版著名。而日人在上海所设之印刷厂，不下十余家，大率均代日人印刷，并承印卷烟盒，在印刷业上为华商劲敌，在文化及教育上却无甚影响。

四、杂谈

上海书业公会会员共四十余家，资本九百余万元，其中商务印书馆五百万元，中华书局二百万元，世界书局七十万元，大东书局三十万元。此外都是一二十万元以下的了。非书业同业公会会员尚有五种：一、彩印局——有公会；二、石印局；三、铅印局；四、旧书店；五、新书店。资本大概数千元乃至数万元，十万以上的很少。统计出版业、印刷业百余家的资本，共计不到一千五百万元。资本之外，有用存款的，有用钱庄银行放款的，有以房地产作押款的；活动资金就算与资本相等，一共也不过三千万元。资产有二三十年前置的，当时价值低廉，结账又复陈旧，照现在新置计算总财产时值大约五六千万元。但是今年“一·二八”日军炸毁闸北，有的总厂在闸北，有的货栈在闸北，就是厂栈不在闸北，大多数的钉书作都在闸北，所以差不多无一家不受损失。损失的总数，大概占总财产的百分之六十以上——仅商务印书馆一家已经一千数百万元。不知如何恢复？更不知何时恢复，其中如东方图书馆之精本书籍，商务印书馆之稿本版子，更非金钱所能恢复，实在是我国文化上的一大打击！

书业的营业，在前清末年，大约每年不过四五百万元：商务印书馆约占三分之一，文明书局、中国图书公司、集成图书公司等合占三分之一，其他各家占三分之一。民同初年约一千万元，商务印书馆占十分之三至四，中华书局占十分之一至二，近年约三千万元，商务印书馆约占二十分之六，中华书局约占二十分之三，世界书局约占二十分之一。

美国纽约市，近年各种实业中，以印刷出版占第二位置，年约四五万万美金，约合国币二十万万元。美国系联邦制，各邦各有其教育制度，工商业又发达，所以纽约不能为全国集中之地，至多占全国五分之一。然则美国全国的印刷出版每年有一百万万元了，我国人口四倍于美国，应该每年有四百万万元，今尚不到三千万元，不及千分之一，岂不可叹！反过来说，便是前途发展的希望，却非常之大。

美国有一种星期六周刊，每期销三四百万份，每份每年售美金二元。封面广告每期须五千美金。全期售报及广告收入，约一千五百万至二千万美金，合国币六千万至一万万元。一种杂志的营业，等于我国印刷出版业全部之二三倍，我们还说什么？

德国有一种图画周刊，用四十五部卷筒机连接印刷，真是洋洋大观。一种杂志所用的机械，比我国印刷出版业全体大几倍，我们还说什么？

洋纸——印刷用纸——每年输入数千万元，我们已经觉着漏卮太大。但以各国人口与用纸量比较起来：各国用纸最多者，每人每年用三十余元；少者也要五元十元。我们现在每人仅合一角几分。倘若每人每年用一元，便要四五万万元；每人每年用二元左右，便要十万万元。现在自制的新式纸张，每年不过三五百万元，如何是好？

现在一般舆论，总怪无好书出版，但是在现在教育状况、经济状况之下，要出好书，实在不容易。欧美、日本每一种普通书的销数，少则一二十万部，多则三五百万部，销一百万五十万，是很平常的一回事。我国出版之书，多则销二三万部，少则销一二千部。譬如一部书的装版费一千元：他们以十万部计算成本，每部制版费只合一分；我们以二千部计算成本，每部便要制版费二角。他们如果售美金一元，著作人照定价提版税百分之五，以十万部计便有五千美金；我们售着国币一元，著作人照定价提版税百分之十，以二千部计只有二百元。所以抽版税的作家，除有特别情形如林语堂、周越然、鲁迅等外，每年收入不过数十百元。胡适也不过二三千元。甚至有一年只得几角几分的。照此情形，著作人那能安心从事著作呢？

说到买稿，欧美我不知道，日本则每原稿一页约五百字，最低者售二元日金，最高者五十元，即每千字四元至一百元。稿费越大者销路越好，各书坊越争买其稿。我国通常稿费每千字二元至四元，五六元的很少；小书坊甚至收每千字五角至一元的书稿。试问著作人每日辛苦著作，得数元乃至十数元的酬报，倘无主顾，只好自己鉴赏。照此情形，著作人那能安心从事著作呢？或以为薄待著作者，一定肥了发行者，但是发行者得利之书很少，蚀本者很多。每一书坊开若干年，只剩些不销之书籍和无着落之欠帐，便不得不关门了。前清末年的许多书坊至今存在的差不多只有商务印书馆和广益书局几家。其余不是关门，便是出盘。即民元开办的中华书局，艰险备尝，慎重紧缩，股东在近十七年中，或无利，或得利一二，最多亦只四厘。办事人待遇也很薄，苦了十余年，总算勉强站住了。其他与中华书局先后开办的，现在已一家都不存在了。试问如此情形，资本家和事业家谁肯来经营这种事业呢？

杂志是文明国必需品，即于前述美、德两国杂志的情形已经可见一斑，前年我游日本略略调查他们杂志的情形，最盛行的一种名为King，系月刊，每期销九十万至一百五十万册。此外普通杂志、妇女杂志、儿童杂志……销三五十万的很多。有一种专门的经济杂志每期销八万，也有一部卷筒机。回观我国，销到三五万份的杂志，便如凤毛麟角，怎么是好呢？

五、结论

我国的印刷业、出版业，现在确实太幼稚了！

我国的印刷业、出版业，前途还有一千倍以上的发展。我们要努力！

“一·二八”之日军暴行，予我国印刷业出版业一个大打击。它们是有意摧残我国文化，我们要努力恢复进展！

（原载于1932年7月15日《申报月刊》第1卷第1号）

《大中华》宣言书

一国学术之盛衰，国民程度之高下，论者恒于其国杂志发达与否觇之。盖杂志多则学术进步，国民程度亦高；而学术愈进步，国民程度愈高，则杂志之出版亦愈进也。我国杂志之出版，肇始于《时务报》，梁任公实主持之。其后《清议》《新民》《国风》《庸言》相继而起，皆风靡一时，然以牵于人事，中道停歇，为世所惜。乙丙之际，留东诸子竞从事于杂志，若《江苏》《浙江潮》《汉声》《湖南》《云南》《四川》等，不下十余种，持久者殆无一焉。固由风气未开，阅者不多，然组织之基础不完固，实为一大原因。盖此种事业，非有适当之人才与目的，适当之资本与机关，固不能久大而有裨于社会也。

今者吾局刊行《大中华》杂志，其于此四者果何如乎？杂志事业，吾局已认为要图，自当竭尽心力为之，资本、机关二者，固不俟言矣。梁任公先生学术文章海内自有定评，窃谓吾国中上流人稍有常识，固先生之功居多；而青年学子作应用文字，其得力于先生者尤众。吾《大中华》杂志与先生订三年契约，主持撰述，此外担任著译诸君，亦皆学术专家，文章泰斗。人才一端，亦勿庸赘述。今吾所欲宣言者，则《大中华》杂志之目的而已。

《大中华》杂志之目的有三：一曰养成世界智识，二曰增进国民人格，三曰研究事理真相，以为朝野上下之南针。欲达第一项目的，故多论述各国大势，绍介最新之学术；欲达第二项目的，故多叙述个人修养之方法及关于道德之学说；欲达第三项目的，故研究国家政策与社会事业之方针，不拘乎成见，不限于一家之言，一以研究为宗，即有抵触冲突之言论，亦并存之。至宗旨如何、方针如何，俱见任公所著《发刊词》中，不复论列也。

（原载于1915年1月20日《大中华》第1卷第1期）

《教育文存》自序

吾国文人积习，喜刊文集，而自序必伪为谦词，以示不矜。余甚非之。平日偶作文字，均不留稿，即刊行者，箧中亦不尽有也。近见墨飞自编《教育丛稿》，将十余年来之著述，汇为一编，甚便浏览。既可觇自己学识之进退，又可供同志之参考。余乃效之，将所作关于教育之文字，稍加整理，颜曰《教育文存》。旧刊杂志，余处已不完，幸朵山存有全璧，邮借抄出，大致无甚散佚，惟弱冠前旧作，有未刊行者，则已无觅处矣。

属稿至此，墨飞适来吾室，举以示之。墨飞要我为序《教育丛稿》。余笑谓之曰："即以此序两用，既序我之文存，兼序君之丛稿，又何不可之有？"余与墨飞生同岁，相交十三年矣。两人性质相似，主张亦常相同；顾彼深研教授训育，我则好谈学制，此又同而不同者也。民国四年，吾两人曾约集同岁者十人，合寿三百岁。此后如能合寿四百岁五百岁……者，当各为二集三集……刊行。愿与墨飞共勉之，视谁之存稿多也。

（原载于《教育文存》，中华书局1922年版）

《书业商会二十周年纪念册》序

我生三十八年了。和我相处最久的：第一，是我的父亲，整整的三十八年。第二，是二弟仲析，他比我小一岁，相处三十七年了。第三，是三弟叔辰，他比我小六岁，相处三十二年了。第四，是我的母亲，于我三十岁上去世。第五就是书业商会。

我于民国前九年，开始在社会上办事。过两年，到上海，任昌明公司上海支店经理。那时书业商会正在发起筹备，我被推为章程起草员。正式成立之后，我任评议员兼书记，又任职业补习夜校主任和《图书月报》主任。自此以后，我和书业商会没有分离过。光阴如箭，转眼要做二十年纪念了。

此二十年中，世界之进步如何？国家之进步如何？社会之进步如何？教育之进步如何？学术思想之进步如何？不是我这一篇小序所能详说的。书业在此二十年中，和天灾斗，和祸乱斗，和物价斗，和货币紊乱、交通不便……种种情形斗，却还有十倍的进步。假使各种障碍渐次减除，教育渐次发达，十年、二十年……之后，应该进步到如何程度呢！我们希望国家社会进步，不能不希望教育进步；我们希望教育进步，不能不希望书业进步。我书业虽然是较小的行业，但是与国家社会的关系，却比任何行业大些。

我于此又起了怀旧的感情。当时同人中，如夏君粹芳，龚君子英等，先后去世；席君子佩、夏君颂莱、何君澄一、曾君孟朴等，先后脱离书业。人事变迁，真没有一定，再过十年、二十年……又不知怎么样?

我于此又起惭愧的意思。当时所办的事业：夜校开了四年，后来因为学生太少停办。《图书月报》只出三期，因为各家担任之稿不来，误期又误期，以致停刊。《图书总目录》因为各家意见不一，编印未成。同行的不良分子和非同业而出版的人，常有害人误人的书刊行，更或利用报章告白和通信法骗人金钱。本会研究多次，没有方法取缔，这更是我们觉着遗憾的。

我从十九岁起，投身书业，一直到现在，大概是我的终身事业了。那么，书业商会也一定是我的终身伴侣了。再过五年我和书业商会可举行银婚典礼，再过三十年可举行金婚典礼。哈哈！同业诸君！教育界诸君！……将来备些什么贺礼送我们俩呢?

一九二四年九月一日

（原载于1924年10月《进德季刊》第3卷第2期）

《中华大字典》序

余母幼时，就学不及三年，学力皆得诸自修。余之儿时，余父常游他方，余兄弟恒受母训。余母不敢自信，稍有疑义，即检查《字典》及类书，余遂习焉。成童之际，辄恃《字典》以阅读书报。余所用之《字典》，今存吾局字典部，破旧不堪，不啻韦编之绝矣。顾《康熙字典》有四大病，为吾人所最苦：解释欠详确，一也；讹误甚多，二也；世俗通用之语多未采入，三也；体例不善，不便检查，四也。在当时固为集大成之作，然二百余年未之修改，宜其不适用矣。弱冠前后，每以余暇治英日语文。受课之时少，自修之时多，英日字典，恒朝夕不离左右。见其体裁之善，注释之精，辄心焉向往，以改良吾国字典为己任。癸卯在鄂，忽发大愿，期以十年编纂一新字典。学力薄弱，赞助无人，不数月而困难百出，遂以中辍。宣统之季，陈君协恭曾约同志有字典之辑。吾局成立，遂归局中。大辂椎轮，缺点滋多。适友人欧阳仲涛来客沪上，爰以修订之事属之。当时未尝此中甘苦，视之甚易，余与仲涛预算六阅月当可蒇事，遂售预约。料量印刷，印竣若干页，阅之颇不称意。而仲涛以病返赣，乃移字典编辑部于南昌，重事修订，阅二年而成。邮寄来沪，余与范君静生抽阅数卷，仍多可商之处。于是又加修订，盖至是五易其稿矣。秋来欧战方亟，余与仲涛皆虑旷日持久，将来大局不可预料，决意速付剞劂，以就正于当世。顾排版极难，欲速不达。吾国通用铅字，不足七千；吾局字数较多，亦不过万余而已。字典所用之字，凡四万余。临时雕刻，费巨而时缓。益以校对甚艰，校至二十余次，尚不能必其无误。此书前后凡亘六年，与其事者至三四十人；凡二千余页，四百余万言，裒然一巨册，重至十四五斤。编辑印刷之费，至四五万元，亦可谓艰巨之业矣。夫人事日繁，语亦日增，人之脑力有限，安能尽数记忆。故世界愈文明，字典之需要愈急。学子之求学，成人之治事，皆有一日不可离之势。欧美诸国之字典，体例、内容之精善，固不待言；其种类之多，亦非吾人所能梦见。即日本区区五岛，近年词书之发行，大有一日千里之观。独吾国寂然无闻，斯亦文野盛衰所由判欤。仲涛此书，与东西名著比，不知若何；然在吾国，固堪称为前无古人者矣。念往者用《字典》之困难，数年经营之艰辛，今幸观厥成，故述其经过，以为读者告。

（原载于《中华大字典》，中华书局1935年版）

《辞海》编印缘起

民国四年秋，《中华大字典》既杀青，主编者徐鹤仙先生元诰欲续编大辞典，时范静生先生源廉长编辑所，亟赞成之，遂商讨体例，从事进行，定名曰《辞海》。越明年，共和再造，静生重长教育部，鹤仙亦先后任上海道尹、河东道尹，此事遂搁置。后鹤仙倦游归来，重理故业，然不断为党国奔走，时作时辍。民国十六年，鹤仙出长最高法院，乃由舒新城先生继其事。新城觉原稿中已死之旧辞太多，流行之新辞太少，乃变更方针，删旧增新；然旧辞有从前之字书、类书可依据，新辞则搜集异常困难。曾嘱同人遍读新书新报，开始时收获尚多，后来则增益甚少，尝有竟日难得一二辞者。又以改加新式标点，费时尤多。十九年春，新城改任书局编辑所长，无力兼顾，乃请张献之先生相、沈朵山先生颐董其事；献之任编辑所副所长，亦不能以全力赴之，近四年来，实朵山主持之力为最。刘范猷、罗伯诚、华纯甫（文祺）、陈润泉、周钜鄂（颂棣）、胡君复、朱丹九（起凤）、徐嗣同、金寒英、邹梦禅（今适）、常友杭（殿恺）、周云青诸先生分任其事，先后从事者凡百数十人；范猷任辞典部副主任，搜罗整理，十年如一日，致力尤多。复经黎劭西（锦熙）、彭型百（世芳）、徐凌霄、周宪文、武佛航（堉干）、王酌清（祖廉）、金子敦（兆梓）诸先生及舍弟叔辰（执）校阅，亘时二十年之久，亦可谓艰巨之业矣。此书所以费时而难成者，厥有五因，兹略述之：

一、选辞之难也。旧辞采集尚易，然判断其孰为死辞而删之，则大费周章；新辞不但搜集困难，而且舶来名辞，译音译义，重复冲突，决定取舍，亦甚困难。更有同一辞也，新旧异解，彼此异用，势不能不兼筹并顾；而地名之更改或添置，事类之新出或变迁，尤不能不随时增订。故常有已选之辞，不数月而改删，已定之稿，不一年而屡易。总计撰成之稿，凡三十余万条，并修改重复计之，殆不下五十万条，今仅留十万条有奇，殆无异于披沙拣金矣。

二、解释之难也。旧时注疏以及字书、类书之属，其较详备者，亦仅罗列诸家之说，少折衷归纳之言，学者从事翻检，往往有目迷五色、无所适从之感；今于群言庞杂之中，必一一分别其异同，归纳其类似，故一条辞目之编成定稿，往往翻检群书至数十种，而结果所得，则仅数字之定义或数十百字之说明而已。又如同一辞目，而兼含新旧各科之意义者，甲撰一条，乙撰一条，丙、丁各撰一条，必合数人之稿归纳为一，或综合解释，或分项标明，去其重复，合其异同，始获定稿焉。

三、引书篇名之困难也。辞目除采自原书者以外，自应兼采字书、类书。然我国字书、类书所引之书，多仅举书名而无篇名，常有引用某书，而某书竟无此句者。《中华大字典》编辑时，核对原书，发现《康熙字典》错误四千余条；本书有鉴于此，凡引用之古书，仍复查对原书，加注篇名。在编辑者固费时甚多，然期其不致沿前人之讹，且可使学者检阅原书；我国字书、类书相沿之积弊，或可从此稍减矣。

四、标点之难也。我国古籍多不加标点，而其文之难以句读者，聚讼纷纭，千百年无定案。本书竭同人之力，就其心之所安，应用新式标点，加以确定之句读，往往讨论二三句之点号，至费二三人竟日之力。又如同引一书，因引证有详略，则标点方法即须略异。例如引一大段每用分号，引一二句则无须用分号，有时分号变为句号矣。凡此种种，比旧法仅断句者，其难易不可以道里计，虽竭力从事，然终不能保其不误也。至于人地名、书名之加线，不惟费力，且占篇幅不少，盖全书所用之书名线多至二十万左右，人地名线则为数更多也。

五、校印之难也。本书分量之大，为空前所未有，约略计之，全书条数在十万以上，全部字数约七八百万，而因用新式标点之故，劳民费事，校对更难。即就标点计之，全书点号约二百万，标号则人地名、书名线约五十万，引号称是。大本不欲其多占篇幅，故用新五号字；缩本欲其免伤目力，故字体约等于六号字；每面字数约二千，各种符号约七八百。就吾人经验，普通书每人每日可校七八十面，每书印刷所校三遍，编辑所校三遍，此书则每人每日不过校七八面，印刷所须校五次，编辑所须校十次；名词术语尚有夹用他国文字者，校对更须专家。至普通汉字，电报书不过七八千字，各印局铜模少者五六千，多者七八千，此次特加制铜模八千余个，共计已有一万六千个，尚嫌不足；其僻字新字仍须临时雕刻。此种字体，平时不习见，但丝毫不能讹误，其困难殆非局外人所能想象也。

吾缕述困难之原因，其故有二：一则对于编校排印诸君子表示谢意，一则对于后之编辞典者聊效前驱。吾行年五十，从事出版印刷业三二十年矣，天如假我以年，吾当贾其余勇，再以一二十年之岁月，经营一部百万条之大辞书也！

（原载于《辞海》，中华书局1936年版）

校印《四部备要》缘起

吾国学术，统于四部。然四库著录之书，浩如烟海；坊肆流传之籍，棼若乱丝。承学之士，别择维艰；善本价昂，购置匪易。本局同人有鉴于此，爰于前年择吾人应读之书，求通行善本，汇而集之，颜曰《四部备要》。提纲絜领，取便研求；廉价发行，以广传布。惟是普通铅字，既欠美观；照相影印，更难清晰。适杭州丁氏创制聚珍仿宋版，归诸本局，方形欧体，古雅动人，以之刊行古书，当可与宋椠元刊媲美。兹将第一集至第五集分年校刊，共计二千余册；经、史、子、集最要之书，大略备矣。张文襄尝言：读书不知要领，劳而无功；知某书宜读而不得善本，事倍功半。今有《四部备要》，庶几可免此大蔽欤！

（原载于《重印聚珍仿宋版五开大本〈四部备要〉样本》）

增辑《四部备要》缘起

先太高祖宗伯公讳墀，通籍入词林。《四库全书》开局，以编修任总校官，后任副总裁，前后二十年，任职之专且久，鲜与匹焉。晚岁构宅于嘉兴府城外甪里街，颜其阁曰枝荫，多藏《四库》副本。洪杨之乱毁于火，今者甪里街鞠为茂草矣。小子不敏，未能多读古书，然每阅《四库总目》及吾家家乘，辄心向往之。

民国乙卯，都中友人商印《四库全书》，后以卷帙太繁，校订匪易中止。辛酉杭县丁氏创制之聚珍仿宋版归诸吾局，丁氏即八千卷楼旧主人也。字体精雅，印行之书，直可与明清翻宋仿宋诸精椠媲美。乃与同人商辑印《四部备要》，由高君野侯主之，丁君竹孙等十余人分任校事。第一集出版，颇为海内所赞许。今第二集植校及半矣；此后进行较速，或可年刊一集。预定二十年以上之时期，刊行二十集，都八千册，四部要籍，或可略备。

迩来购置善本殊艰，欲办一图书馆，不第费巨，且苦无从着手。此书择要校印，陆续出版，既可供社会图书馆之求，又可便学者研究国学之需，或亦不无小补欤！惟是同人学识有限，选择容有未当，大雅宏博，傥蒙将后十八集之书拟目见示，俾得早日搜求精善之本，岂惟流通古籍，抑亦保存国粹之幸也已。

中华民国十三年十月，桐乡陆费逵。

附志：

先宗伯公以乾隆三十一年丙戌成进士，廷试二甲第一，授翰林院庶吉士。己丑散馆列第一，授职编修。庚寅充武英殿提调。壬辰，《四库全书》开局，任总校官，仍兼提调。甲午十一月，上谕“编修陆费墀承办《四库全书》并《荟要》处缮录之事，一切综核稽查，颇能实心勤勉，且其学问亦优，着加恩以翰林院侍读升用”。是年，补侍读。乙未，迁翰林院侍读学士。丙申，迁詹事府少詹事，兼翰林院侍讲学士，并充文渊阁直阁事。时第一分《全书》告成，贮文渊阁也。壬寅，擢内阁学士，兼礼部侍郎，并充《历代职官表》总纂官。癸卯，赴奉天以《四库书》贮文溯阁。甲辰，擢礼部右侍郎，并充《四库全书》副总裁。乙巳，赴热河贮书文津阁，又办江浙三分书。丙午，转礼部左侍郎。丁未，因馆书有应毁未毁者，革职留任，仍赔办江浙三分书装潢。旋又因底本未移交明白落职。戊申，寓西湖山房数月，校文澜阁已到之书。又因查出排架舛错，赔缴经费银一万两。未几逝世，年六十。《全集》未付梓，始则京寓毁于火，继遭洪杨之变，甪里街别墅又被兵燹，荡然无存矣。已刊者仅《历代帝王庙谥年讳谱》及《四库全书辨正通俗文字》。按先宗伯公自壬辰任总校官，至戊申校杭州文澜阁贮书，总摄馆务凡十七年，行述载：“辰入酉出，寒暑未尝少懈。”又言：“经理出自一手，屡得过，屡邀宽假。”又言：“目无未见之书，每披阅有会心，手钞节录，若急饥渴。”又《东华录》乾隆五十二年载：“以陆费墀等办理《四库全书》讹脱错谬，镌级夺职有差。”盖《四库全书》职员虽多，其与《四库全书》相终始而实际任事最力者，殆先宗伯公一人也。惟以性不喜标榜，著述又什九毁于火，故世鲜知其详耳。

陆费逵又志

（原载于《重印聚珍仿宋版五开大本〈四部备要〉样本》）

辑校《四部备要》各书大意

经部

古有六经，《乐经》亡而存五，其后渐衍为九、为十一、为十三。汉唐古注，多存精微，卷帙较少，诵习较便，故先刊《十三经古注》。经注犹待疏解，故又校刊《十三经注疏》。经学至清而纂诂最精，故并辑清代《十三经注疏》。宋朱子辑《论语》《孟子》《大学》《中庸》为《四书集注》，数百年来，家传户习，认为儒家正宗。坊本以讹传讹，今精校列入。又研究经学，首重识字，字有形、声、意三者，是谓小学。今于字形，辑《说文解字》《说文系传》《说文段注》及《说文通检》诸书；于字声，辑《玉篇》《集韵》《广韵》诸书；于字意，辑《尔雅义疏》《小尔雅义证》《广雅疏证》《方言疏证》诸书。至总考经义，则有《经义考》《经义述闻》诸书。综以上所举，经学最要之书略备已。

史部

史学所尚，六家二体。《尚书》家、《春秋》家、《左传》

家，先哲已列入经部矣。其《国语》家为《春秋》外传。继《国语》而起者为《战国策》，均以国别，为史学最先之一体，故首辑《国语》《国策》。其次《史记》家，以通古为体，实为纪传之祖；《汉书》家为纪传正家，断代为书始于此。承马、班而后，史家之作，高简无如《三国志》。凡兹四史，为研究史学必读之籍，故继以四史。自《晋史》以至《明史》，大都备为参考，因用小字体排比，而版式则一如四史，可以省卷帙之繁重，而得完备《二十四史》矣。其次则辑编年各书，如《资治通鉴》《续资治通鉴》及《明纪》，皆为要籍；至清代既无专史，又无通鉴，自《圣武纪》《国朝先正事略》及《续国朝先正事略》为最要焉。又辑《路史》等书，备古史载纪之一体。《列女传》详汉以前列女之事迹，《山经》《水注》为地理学最古之书。其通论史事，以《史通通释》等书为要；其稽检史事，以《通鉴目录》及历代各表谱为便。综以上所举，研究史学之要籍又略备已。

子　部

诸子首辑周秦，皆自成一家学术。继以汉魏六朝，凡儒家、兵家、法家、农家、医家、术数家、杂家、小说家、释家、道家，最精要之书大略备矣。惟儒家于议论经济之属外，理学一类，其书简明，切于人事；考订一类，其书为读一切经史子集之羽翼；亦皆举其精要者校录若干种，以备学者研究而参考焉。至释家当专刊《佛藏集要》；兹特录《弘明集》《广弘明集》二种；以二集所载，皆斐然成章，为汉唐闳儒开士之论著，亦释家之噶矢也。

集 部

集部以《楚辞》冠于别集之先，王注洪补为最佳。其别集，于汉魏六朝辑十三家，于唐、五代辑二十三家，于宋辑廿九家，于金、元辑六家，于明辑四家，于清辑三十一家。凡诗文词，源流派别，各举其要，无不赅备。至总集，首列《文选》，其诗文词各类，皆举其大雅精核者。诗文评一类，辨别源流，分析途径，亦学者研究所必需，均举其要，以《诗韵》《词韵》附焉。

（原载于《重印聚珍仿宋版五开大本〈四部备要〉样本》）

《四部备要》说明书

一、何谓四部

中国古代尚无印刷术，书籍都由手写，所以流传不广。上古书籍，仅最精者数十种流传至今。大概二千年前始有石刻，一千年前始有木版，自此书籍流传渐广，有名之宋版亦兴于此时。宋、元、明、清四朝，刻书极多，其时之士绅多喜藏书、刻书，以藏书家、刻书家著名者甚众。

中国书籍向分四部，国家藏书分为四库，故中国书籍向以四部或四库为总名。四部之名称性质如下：

甲、经部。孔子删定前人之著述曰《诗》《书》《易》《礼》《春秋》，名为五经，后又加八种为十三经；宋朱熹集合《大学》《中庸》《论语》《孟子》为四书，加以注释，并讲字学之《说文》等，均为经部。

乙、史部。中国历史之记录，远在四千年前，惟记载散失不全。经部之《春秋》，系孔子根据其时二百余年之历史而作者。汉朝司马迁汇集古史著成《史记》一书，为中国正史之祖。后来每朝一史，至今共有二十四种，总名为“二十四史”。此外，古今野史以及法典、地志等，凡记事之书，均入史部。

丙、子部。周朝末年，学者辈出，哲学、名学、法学、医学、算学、兵学均极发达。每家著书一种，后人因其次于经书而成一家之言，于是名之曰子书。最著名的道教及自印度输来的佛教，以及宋、明二朝的理学，清朝的考据，均入子部。

丁、集部。集部均系各文学家的作品。集一人所有的曰专集，汇选若干人的曰总集，文章的集曰文集，诗的集曰诗集，从屈原《离骚》起，各朝都有。

清乾隆时开《四库全书》馆，征集全国书籍，加以校勘、整理（总编辑是纪昀，总校是陆费墀，中华书局总经理陆费伯鸿的前五代的祖父）。所收的书计三千五百余部，共七万六千五百余卷，分写七部，藏于北京、热河、奉天、杭州及扬州等处，存库未写的若干种。当时未收得及后来新著的虽无确实的统计，大约差不多要加一倍。

二、 本书刊行的缘起

中国书籍如此之多，学者欲研究中国学问，应读何书？何书最要？初学之人颇苦无从下手。精刻之书，版多无存，购买价值既大，且不易觅得；石印本印刷既不精，错误又多。此读书者人人感觉之痛苦也。

杭州丁氏，本为大藏书家，所藏宋版书极多。丁君辅之昆仲，精于文学及书画雕刻，选最精之宋版书，仿其字体，镌制铜模，铸成铅字，形体秀美，又复匀整，试印书籍，均极美观，乃定名聚珍仿宋版。并入本局，以雕刻物例，向北京内务部注册，准享著作权三十年。

本局在三年前，选四部最要之书，刊行《四部备要》第一集，选书四十八种，共四百零五册，刊印样本，发售预约。出书以后，见者无不赞美，再版业已售罄。去年复刊第二集，现在已将竣事。今年为本局成立十五年纪念，特发售《四部备要》第一集至第五集之预约，期以五年，全书告成，中国之重要书籍，殆已将全数网罗于此五集二千余册之内矣。有此二千余册好书，可以成立一小图书馆矣。

附：重印《四部备要》缘起

敝局自民国九年从事《四部备要》之辑印，迄今十四年矣。全书一万一千三百零五卷，分订二千五百册，原书殆不下五千册。选辑之谨严，校对之精审，字体之优美，印刷之精良，早为艺林所共赏。前辈严范孙、梁任公诸先生无不赞许，甚至称为旷古所无。盖自古印书者，从无如此之精且多者也。民十一发售第一集预约，民十三发售第二集预约，民十五发售全部预约，均满额截止。年来各地顾客纷纷惠购，愧无以应；有加价征求而不获者。本当即行重印，然以全书校印尚未竣事，且卷帙太繁，以致一时不克重印，殊为歉仄。今幸全书告成，特改用五开大本，天地放宽，书品阔大，并发售预约，以餍海内外藏书家、读书者之望；并分子丑寅卯辰巳午未申酉戌亥十二种，俾顾客可就财力与需要，选择购置焉。

聚珍仿宋版《四部备要》改印洋装缘起

有清乾隆间搜罗典籍编辑《四库全书》，凡三千四百余种，七万七千余卷，因《全书》卷帙浩繁，阅览不便，乃于《全书》中撷其菁华，缮为《荟要》，阅七载而成书，凡四百七十三种，一万一千余卷。盖自有《四库全书荟要》，而《四库全书》可束之高阁矣。

民国九年，敝局得杭县丁氏聚珍仿宋版。字体精美古雅，方体长体咸备，为印刷界辟一新纪元。乃仿《四库全书荟要》办法，而有《四部备要》之辑印。十四年来，成书三百五十一种，计一万一千余卷，分量与《荟要》略相等，所选之书亦三分之二相同。其不同者，则如日讲经书、清历朝圣训、谕旨、文集等书专备御用者摒而不采，采辑方针亦随时代而稍有不同。其乾嘉以来名著，如段氏之《说文》、孙氏之《周礼》，姚、王、曾之选古文，沈、姚、曾之选诗，以及近代名家姚恽、袁曾等专集，则为辑《荟要》时所无而极有用者；更有校勘精本如阮文达之《十三经》、平津馆之诸子等，则书虽同而校本不同，此皆远胜《荟要》之处。现在研究国学者得此一万余卷之《四部备要》，可以无俟他求矣。至字体之大小，颇费斟酌。盖一方欲求经济，一方又顾到适于阅读，不伤目力，最不易解决者，莫如《二十四史》。字大则分量太多，字小则“前四史”注嫌太小，今将“前四史”正文用二号字，注用三号长体，《晋书》以后则用四号字，篇幅可省一半，字体大小各适其宜。此外应诵习之书，如《五经古注》、《四书集注》、《国语》、《国策》、周秦诸子、《楚词》、李、杜、韩、柳各专集等均用二号字，此外则分用二号长体、三号、三号长体、四号，故能于二千五百册之中容木版原书五千余册也。

《四部备要》第一、二集单售本早已告罄，五集合售六开本现亦无有存书，去年春季发售五开本亦复逾额，而各方读者、各地学校及图书馆纷来。要求三点：一则价更求廉，以期易于购买；二则改用洋装，减少册数，以期易于庋藏；三则倘用缩本字，须勿过小。再四研讨，幸不辱命。兹将办法述左：

一、改用大本，四叶合一叶，分两层缩印。较之原本，每行约短十分之三，字尚不小。原来二号者约缩为三号，原来三号者约缩为四号，原来四号者约缩为五号。盖用大本两层印，上下左右空白比原本减少，故能以一半之纸，而得三分二之用也。

二、用次橡皮纸精印，虽较次道林纸价昂，而光洁多矣。印出之书亦清晰爽目，毫无反光，且纸色历久不变。

三、本书分三种装订：甲种装布面金字，乙种装布面印字，每册容四五百面至一千余面，分订一百册；丙种纸面并装。每册容二三百面至五六百面，分订二百八十册，书脊均印明书名及册数，于保存检查均极便利。

四、本书售价，甲、乙种装不及五开本什六，丙种装不及五开本之半，购者可就经济力选择之。

五、为购者便利起见，分八组发售预约，并为阅读时之便利计，普通阅读之书请国学耆宿邵裴子、孙智敏、朱宝莹、钟毓龙、王文濡、朱宝瑜、张相、金兆梓、李庸、吴汝霖、吕陶、丁辅之、高时显等无论正文注释概加点句。如经部之《四书集注》及《十三经古注》，史部之《二十四史》《资治通鉴》《国语》《国策》，子部之周秦诸子四十种以及浅近之性理书，集部之《楚辞》、诗、文、词总集等，对于学者当大有裨益也。

六、全书自民国二十四年十一月起分两年出齐，每季出书十二三册。

（原载于《四部备要书目提要》，中华书局1936年版）

《古今图书集成》影印缘起

儿时闻《图书集成》之名，某处有一部，某老人曾阅过几遍，心向往之，未见其书也。弱冠以后，编书撰文，时时利用是书，获益匪尠。盖我国图籍浩如烟海，研究一问题，检查多种图书，不惟费时费力，抑且无从下手。例如研究田赋，虽将《周礼》《论》《孟》《管子》《二十四史》《通典》《通考》以及各政论家专集尽行检阅，尚不能免遗漏。此书则每一事项，将关系之书分条列入，一检即得。古人云事半功倍，此真可谓事一功万也。考此书为陈梦雷纂辑，彼自称读书五十载，涉猎万余卷，就所藏书及诚亲王允祉协一堂藏书约计一万五千余卷，辑为是书：为汇编者六，为典三十二，为部六千有零，共一万卷，目录四十卷。凡在六合之内，巨细毕举；其在《十三经》《二十四史》者，只字不遗；其在稗史子集者，十亦只删一二。较之前代《太平御览》《册府元龟》，精详何止十倍（见陈《上诚亲王书》）。雍正初年，因陈梦雷原附耿精忠，发遣边外，但对于此书，不肯湮没，重订刊行。上谕云："陈梦雷处所存《古今图书集成》一书，皆皇考指示训诲，钦定条例，费数十年圣心，故能贯穿古今，汇合经史，天文地理，皆有图记。下至山川草木，百工制造，海西秘法，靡不备具，洵为典籍之大观。此书工犹未竣，著九卿公举一二学问渊博之人，令其编辑竣事。原稿内有讹错未当者，即加润色增删，仰副皇考稽古博览至意。”越四年成书，由蒋廷锡上进书表（此表文载本书之首），却无纂修职官姓名，陈梦雷亦湮没而不彰，良可慨也。

此书雍正初年，刷印铜活字版仅六十四部，以后并未重印（见故宫博物院文献馆《史料旬刊》第十四期）。光绪十年，上海图书集成局印扁字本，讹误甚多。光绪十六年，总理各国事务衙门（后改外务部）委托同文书局照原书大小影印一百部，每部工料三千五百余两，约合五千元。以若干部运京，若干部留沪。留沪之书，不久即遭火厄，故流传甚少。今惟扁字本旧书肆尚偶有之。铜活字本大内所藏四部，皆五千零二十册，今均存故宫博物院。日本内阁图书馆有两部，一订五千零二十册，一订一万零四十册。同文影印本，故宫博物院有一部，其描裱原底，则由外交部移赠清华学校，今尚存在。

民国十五年，敝局刊行《四部备要》全书之际，高野侯先生即主张重印《图书集成》，就扁字本影印，或用聚珍仿宋版排印。然细加整理之后，发现扁字本脱卷、脱叶、脱行、讹字，不可胜数。舒新城先生力主用铜活字本，然求之多年而不得，即影印本亦鲜完全无缺者。客冬，陈炳谦先生以铜活字本原书见贻。是书旧藏孔氏（岳雪楼）、叶氏（华溪），继藏康氏（有为），全书五千零二十册，仅有六十二册抄配。每册首均有孔氏、叶氏、康氏藏书之印。武进陶氏谓：“同文影印本缺十余叶，以与故宫所藏四部对勘，所缺相符。岂六十四部一律如斯耶？甚可惜也！”乃一经核对，则《草木典》所缺之一叶，此本居然存在，且确系铜活字本，并非配补，诚人间瑰宝已！

至于原书抄配部份，字体不能一律，现已商之浙江省立图书馆馆长陈叔谅先生，蒙允将文澜阁藏本，借与影印。将来书成之后，全书字体版式，均归一律，无有参差。又本书光绪石印本后附考证二十四卷，为殿本所无，亦蒙浙江省立图书馆将石印本之考证全部，借敝局影印，附于书后。两美既合，庶成完璧矣。

影印之初，有主张缩成小六开本者，然原书将近五十万叶，预约须售二千元左右；即缩至十开本，亦须售千元以上。当兹四海困穷之时，能以千元购书者，究有几人？非普及之道也。余后拟用五开本，以原书四叶合为一叶，全书约十二万叶，亦非五六百元不可。张献之、金子敦两先生谓：三开本九叶合一叶，较之五开本四叶合一叶，可减少订口及天地之余白，售价可减少，字体并不减小，实为最经济之办法。询谋佥同，卒用三开本影印。全书约五万余叶，分订八百册。此洋洋大观之中国百科全书，遂能以最廉之价供学子之求矣。计画既定，爰请丁辅之、吴志抱两先生料量校印，而志其缘起如右。

中华民国二十三年一月，桐乡陆费逵志于上海中华书局。

（原载于《古今图书集成》，1934年1月版）

京津两月记

辛亥之夏，中央教育会开会，余入都旁听。六月十日，趁招商局新丰轮船，十一早发上海，余携眷行。因外舅宦京师，内子藉以归宁也。同行者张君菊生、汪君美臣，舟中又遇陈君叔通、姚君作霖、杜君海生、项君兰生、邵君仲威父子等，故颇不寂寞。

午刻过茶山，小有风浪，过此则水波不兴，舟行极稳，不惟不患晕眩，且饮啖胜常焉。十三黎明，抵烟台。有小儿十数辈，全身赤裸，泛小舟向人乞钱。人以铜元或小银元投海中，则踊身入海，倏即拾得，亦异观也。九时，余与同舟诸人登岸游览。烟台埠头临海，有一小阜，风景绝佳，各国领事署及外人坟墓在焉。阜左右皆濒海之市场，局面虽小，而甚整洁。闻华街尚殷阗，欲往观之，乃一经涉足，则地上积污水甚多，臭味触鼻欲呕。地方自治，整理市政，固如此耶！有外人设小肆，售烟台风景明信片者，以小银元二购四枚，旋往邮局发上海、南昌明信片各一。午后二时启椗，十四早抵大沽口外：潮水已过，遂停而待潮。午正始开入大沽口，炮台遗址，犹能见之。经塘沽未停。大沽至天津，河道曲折，舟行忽东忽西，旧传有七十二沽，今已平去数沽云。午后五时，抵天津，不及乘火车，仍宿舟中。次早九时，趁汽车入都。余等皆乘二等车，然座位窄狭，布置欠妥，反不如沪杭、沪宁之三等。行李不给票，即载三等车中，须自行派人照管。十一时半，抵京。孙君伯恒等在车站相迓，外舅亦派马车来迎。乃令内子乘马车先行，余等至税关照料检视。粤事起后，检查倍严，见新式皮包，则尤注意，其心理可知矣。余等在税关一小时，方验毕放行。余即寓外舅处。时三弟堉亦寓焉，以暑假出校也。仲弟则已往赣省亲，未及把晤。张君本住六国饭店，后以宾客往来，诸多不便，又以外舅坚邀，遂来同寓，以便朝夕过从焉。

住京中月余，身所历、耳所闻、目所见之事不一而足，不能一一记之。今择其可供参考者，略述一二，倘亦阅者所愿闻乎。就所忆及，随手书之，不加诠次也。

京师道路不治，泥泞难行，此人人所共知者也，某地理教科如是云云。学部批令改正谓，回銮以后，大加整顿，渐臻平坦。余心疑焉。客冬入都，道路颇整洁，余大奖之。某君告以系坚冻之故，启冻之后，不能如是也。余告以学部批改某地理教科之语。某君曰：二者皆是也。学部所言，系指摄政王及外人日日经行之地。某教科所言，则指寻常之路也。余又疑焉。此次住京较久，日日外出，饱尝红尘万丈、泥深没胫之滋味。尤苦者，道路崎岖，无论乘马车、骡车、人力车无不病其颠簸。然行经东交民巷及东华门、后门，诸路则王道，坦坦不啻上海之大马路也。现有橡皮人力车稍佳。惟雨后泥深，拉挽甚艰，不能远行耳。

在京者最讲拜客、请客，殆占人事光阴之半。入世较久、交际较广之人，无不疲于奔命。然拜客未必能见，且亦并不愿见之。日惟讨生活于车中而已。繁文缛节，伤时废事，良可叹也。

京人最无惜时之观念。某君告余，尝赴某君之晏于某肆，请帖写午后五时，迨六时往，以为客必齐矣。乃候之半小时，主人尚未来。而更有一局，不能久待，遂向肆中索菜二色，匆匆食之去。时已七时许矣，宾主皆未至也。一日某君设宴于广合居，延客十二人，余亦与焉。预约午正十二时。余一时往，见主人与二客坐谈。又时许，更来二客。催客者返肆，言除某某三人外，余均到。而先来之二客，不能久待，遂开筵，已二时许，食毕已三时半矣。宾主将散，侍者大呼客至，残肴陈列席上。宾主互相抱歉。余与先来之二客告辞出，不知其结果如何也。公共开会，大率言一时者，必三时乃能到过半数。一面开会，一面到会，常有至五六时方到者，不足异也。

京人最污秽不洁。无论何家，无不患蝇，故门前常垂帘，不至天瞑不悬起也。厕所无一家不污秽狼藉，不堪驻足。余告某君以南方厕屋之制，渠大喜，以为闻所未闻。夏日粪夫恒倾粪途中，民部稍干涉之，遂以罢市要挟。其殆将长此为秽乡矣。

京中道路不治，固也，而沟渠之淤塞尤甚。夏日大雨俄顷，天井之中，积水盈尺。廊又不相衔接，于是一雨而家家之交通断绝。常有晏客之际大雨倾盆，宴毕，水积不能步行，遂由仆人负之登车。女宾尤苦，非有健硕之女佣，竟有不能登车之势也。

北京因患蚊蝇尘沙之故，窗棂皆不能启。窗心糊纱，四周糊纸。天空空气，因地势高爽，甚为清鲜。室中则异常闷苦，颇害卫生。一日不外出，辄如患病。北人无论男女，无不出外嬉游。

南人来者，眷属每不喜出外，终日蛰居家中，妇女之病而死者，比比皆然。此亦居京者不可不知之事也。

京中皆平屋，且不甚高，故偶有楼房，登临远眺，异常舒适。惟东交民巷则崇楼杰阁，鳞次栉比，气象迥别。

京城内少游览之地，内城惟什刹海，外城惟陶然亭耳。一日，偕吴君蔼辰、谷君九峰、袁君观澜、杜君海生游颐和园。晨七时，乘马车往。出西直门，沿大道行。此路特筑以往园者，中系沙土，两旁石条，夹道有树，颇极整洁。约行二时，至园外。先在外部公所小憩，旋由外部苏拉导引入园。此园背山面湖，天然景致，固极优美，然人工之劣，适与成反比例。房屋概类庙宇，画栋雕梁皆极粗率。两宫寝宫亦如常人之无窗垂帘，惟稍大耳。树木绝少，湖滨如遍植杨柳，景象自佳。乃毫不种树，用水泥筑长堤，一无蔽日之物。湖中有小艇四艘，系为外人备者，即寻常平底划子，上无盖，下无座，仅有垫褥备坐而已。湖中有一船亭，布置稍佳，尚可坐憩。戏台虽大，亦极粗陋，远不及上海戏园也。甲申、甲午之间，海军经费用于此园者，闻有九千万之巨。睹其工程曾不值二百万，且毫无可以流连之处，洵异事也。约二小时，即游毕。归途往农事试验场，场中动物一部，曰万牲园，珍禽异兽，多不常见者，较之南洋劝业会动物园，种类更多。植物一部，即试验场。占地千亩，布置极佳，亭阁台榭，河池园圃，无一不令人流连不忍去，所费不过三十万金云。盖颐和园系内侍木商所主持，此则叶君基桢所布置。叶君苏人，农学专家。甚矣！学术之为用大也。

当游颐和园之日，途中先经二园。一则墙垣高整，树木阴森。一则颓垣残瓦，满目荒芜。后询之人，方知前者为庆邸别墅，后者乃圆明园也。闻圆明园被火之后，宫室池苑虽毁，而合抱大树，存者犹多。庚子联军入都之时，土人盗伐大树出售，于是此园遂一无所有矣。

京师、天津，无论戏馆、酒馆、茶馆以及汽车中，无不男女分座。惟男子与女子偕者，仍坐女座。公共游览之地，则男女分日，然司其事者仍男子也。更有轻薄子弟与司事稔者，辄于女宾游览之日，杂司事中，品头题足，不知整饬风化之谓何也。

余弟堉、埕肄业清华学堂。闰月十九，堉弟迁入校中。越二日，余往访之。初以为该校即在海甸，乃至海甸遍询不获。后方知其过圆明园向北（往颐和园则向南）尚有二三里也。至校，由号房引进。时余尚未午餐，堉弟向厨房购汤面一大碗食之，略可果腹。遂导观全校。该校旧为清华园，周约六里。新建校舍，极其适宜。惟过于铺张，不免糜费耳。现分中学五级，高等三级，学生约五百人。中学卒业者，最优等升入高等肄业，优等以下仍须与外间投考者行竞争试验（此着甚佳，盖所选拔者必多天资优秀之人）。高等三年期满，最优等派遣留美，优等以下给予文凭，听其他适。功课亦尚佳，中学较上海各校课程稍缓，盖为熟习计也（上海各中学教授甚迅，高才生甚获益，中人以下辄觉不甚娴熟）。监督范君静生，时适外出，未及晤谈。午后三时微雨，旋即返京。抵寓已傍晚矣。

北京城垣高而厚。余曾登城散步。前门至崇文门一带，在东交民巷界内，整洁无比，沿途置铁椅。夕阳西下之时，两人辄登城游散，间有策驴而过者。他处城上，则草木丛生，污秽殊甚，城楼亦颓败不堪，良可叹也！

内城交通殊不便。因紫禁城位于中央，既禁往来，西苑又突出西北隅，东西往来，必绕前门或后门。如余自石大人胡同往学部，直行不过四五里，然一绕道则十里而遥矣。余尝谓：朝廷如果有求治之意，当先将两苑作为公园，午门外准人来往，就城垣筑电车轨道。此等易如反掌之事，尚不肯为，他种事庸有望乎？

在北京两月，所闻所见之事，无一不堪浩叹者。所谓改革，无一不似是而非。冥顽刁狡者，自行其是，以开通自命之俦，又从而附和之。某君谓：四品以下之京官，开通有才者，实非鲜少。其所以不能为善者，盖大半仰承堂官意旨，逢君之恶甚或长君之恶耳。

中央教育会以闰月二十日闭会。余本拟偕张君往奉天，后以事阻，未克如愿，遂于二十七日出京。内子暂留京，因外舅赴滇，先至上海，内子俟与偕行也。午后四时半，至正阳门京奉车站，购头等票。座位甚宽适，搭客极少。车中遇林君子有，沿途畅谈。晚七时抵津，寓商务会馆。终夜车声不绝，未曾交睫。友人汪、吕二君，任种植园事，次日即移住园中。此园属劝业道，为官立农事试验场。占地千余亩，空气极佳。中有小河贯之，一日傍晚，荡舟其间爽适异常，农家风味，至足羡也！

夙闻天津学务发达，在津五日，专以参观学堂为事。历观北洋女子师范学堂，高等女学堂，高等工业学堂，南开中学堂，师范学堂，模范小学堂，督署小学堂，民立第一、第二小学堂，官立第九女子小学堂。略就所见，一批评之。

北洋女子师范为天津女学第一。校舍宏敞，布置适宜，分理科、文科二部。余参观时，理科部由某君授三角，文科部由德国某女士授图画。教授合法，成绩优美。惟两部皆为第四年级，而程度复参差不齐，编制稍觉不合。附属小学分三级，第一年级由无锡陶女士授算术，叮咛恳切，可谓循循善诱，女教员中不可多得者也。余二级一授算术，一授国文，皆女教员教授，不甚得宜。

高等女学堂，名为高等，然程度实为小学。分为四班，略如初、高小程度。并附设幼稚园，布置尚合宜。

高等工业学堂，现开专科三门，应用化学、机械、图案是也。附设中学五级。专科规模未备，器械亦不多。是日中学不尽有课，有作文者，有读文者。惟五年级授外国地理，用商务馆《瀛环全志》。此书已旧，教员不知改订，一失也。教员端坐，持书顺讲，注重文字，而略于大势，二失也。学生有地图，而教员无之，且不知利用黑板，三失也。综此三失，而地理教授之精神，全归于消灭矣。

高等工业对门，即水产学堂，余顺道往观，时正午后三时也。门者引入客室，坐近半小时，方来告以校长不在。询庶务员，亦外出。询教员，皆未来。学生则三三五五，散在各处，甚嚣尘上。询以已开学否，答以已开学一星期余。余愤甚，遂辞出。此校属劝业道，何以腐败至是也！

余往观南开中学及师范学堂，适星期六午后，皆无课。南开中学则由某君导观校舍一周。建筑适宜，课程极佳。读经每星期仅三小时，尤为特色。仪器亦甚完备，洵良校也。寄宿舍分三部。东北二部，均尚适宜。惟西部室甚小，而宿四人，榻皆衔接，于卫生管理，均不适宜。厨房亦逼近宿舍，是皆该校之小疵。师范学堂未及参观，仅略视附属小学，精神形式均不见有特色，不如模范、督署二校也。

（原载于《教育杂志》1911年第8、9期）

港粤一瞥

吾于九年五月十六日午前七时，乘中国邮船公司中国号由沪启行，十八日午后四时到香港，当晚夜航赴粤。二十一日夜航到港，明日（二十三日）午前仍乘中国号返沪，预计二十五日可到。往来共十日，途中占其强半，其不能有许多闻见，固不待言。然即此所闻所见者，笔述而刊布之，未始不可供吾教育界及研究实业、研究社会问题者之参考也。

中国号载重一万吨，由旧金山至上海、香港之定期航行邮船也。此船客舱只有头等、三等而无二等。头等在船之中部偏前，三等则在船尾。船分五层，第一层最小，仅一瞭望台。二层为甲板，有船长室等，船长室之前为头等室休息处。三层有吸烟室、休息室、船员室及少数之头等舱室。四层为客舱、头等舱卧室，室外有餐室、浴室等。最下层为货舱，容积最大，愈上则愈小。甲板上有舢板三十余只，每只可载十六七人至二十余人，均以英文写明。此该船大略情形也。太平洋有中国邮船，自该公司南京号始，此船为第二艘。

登船后约半小时即启碇。是日天气清和，衣呢袍登甲板眺望，尚觉微凉。晚餐后，衬小棉袄，在甲板上盘桓两小时，戏作白话诗一首：

夏历三月二十八晚，
中国号甲板上远望。
眼睛里什么都看不见，
只有亮的星，青的天，
白的浪花黑的烟。
远远的灯塔的灯光，
在那里一闪一闪。
差拿[1]差拿！冲破水面向前！
差拿差拿！冲破水面向前！

次日经福建海面，天气渐热。晚餐后，同船西人跳舞，吾人作壁上观，夜深始散。第三日舟行广东海面，甚炎热，华氏表升至八十度外，着单衣尚觉有汗。午后四时，抵香港。舟停海中，旅馆接客者以小艇及小汽船傍大舟，甚拥挤，六时方入旅馆。是晚乘"佛山"轮，次晨抵广州。

吾八年不到港粤矣，此次重来，觉有五事与从前不同者。

（一）从前无沐浴之所，今则上等旅馆均有浴室，间亦有澡堂。

（二）从前旅馆不多，新式者尤少，今则鳞次栉比矣。

（三）广州市向为城墙所苦，且仅长堤有马路。今则城已拆尽，马路纵横十余，且正在进行。

（四）从前长堤虽繁盛，然矮屋极多。今则尽成高楼大厦，大新公司新建筑最高凡十二层，港沪均不及也。

① 此船华名差拿，系粤人写China之译音，又似船行之声。

（五）从前无赌馆，今则遍地皆是。

吾在粤仅三日，晤谈之人既鲜，又未出外参观，自不能知其内容。就所闻知者，则教育上有两大问题：曰私塾，曰女学。社会上有两大问题：曰劳逸，曰淫靡。此四者均有互相之关系，故统论之。

广州私塾本极发达。民国二年春，广州市有八百余所，今则增至二千余所。从前最热心兴办学校之人，现在均令子女入私塾而不入学校。其原因有三：（一）痛心学潮，不愿令子女加入；（二）学风不良，外务多而成绩劣；（三）不愿子女为自由男女。

阅者知“自由男女”作何解释乎？十年以来，广东自由女之风大盛。初则少数女学生醉心欧化，主张自由结婚，偶一失足，遂不自惜而放荡无归矣！继则私娼冒女学生，从事招摇，日久破露，遂实行入学校。于是私娼之为女学生及女学生之流浪者，遍地皆是。夜度之资，女学生稍昂。复因真伪莫辨，于是以女学校之徽章为凭。呜呼！学校徽章，侮辱至此，亦可慨矣！坐是之故，官立及教会设立之女学校，取缔綦严，专制程度日高；私立之良校亦竭力整顿。然女学已受一大打击矣。曩昔提倡女子最力之某君尝叹息曰：吾对社会、对女界，为功为罪，吾自己亦不能下断语，然清夜思之汗流浃背矣。

坐是之故，私塾乃愈发达。顽固之俦，藉为口实，洋洋得意。有一私塾，父子同事教授，学生多至百余人。父年六十余，子四十左右，孙十余龄，三代垂辫，恬不为怪。广州省城而有如此现象，真令人不可思议。

广东人之性质，诚实耐劳。其起家也，多数由工商业。换言之，则广东社会之中坚在工商业。工商业之基础，在每日十三五时之工作。某君告余曰：如依劳动神圣，工作每日减至八时，则广东将即衰败。盖劳力少则出品减，闲暇多则游荡盛。当兹教育不完，机械不兴，资本家不多，大事业不盛，社会组织不善，娱乐机关不正之中国，侈言劳工革命，非革资本家之命，乃革劳动者之命也。吾为劳动者之一，如谓八时与十二时劳动之效率相等，吾不敢自信也。

吾临行之前一小时，乘摩托车周游粤垣，凡马路可通之处，无不经过。最远者为东山，在黄花岗之东。荒冢累累之间，有白底黑字之大额一，题曰“军政府”，实假用农事试验场也。

广州书肆极多，为教育发达之明证。香港虽有十余家，所售者不过文具及无聊之书耳。

广州市之繁盛，在吾国允推第一。地价最昂者，每方丈售至五六千元。双门底为三等街，亦有一方丈售至千元外者。地狭而昂，故只有向上扩充，而楼益高矣。

我倦欲眠，书至此止。他日有暇，或可续记一篇，材料尚多也。

民国九年五月二十二日晚，记于香港旅邸

（原载于《中华教育界》第9卷第8期）

论设字母学堂

东西各国文字，无不有字母。字母者，所以一语言之音声，便形体之辨别而为文明之利器也。中土无字母，其文字也，一形一音，辨别难而记忆尤不易。故读书之效迟，识字之人少。有字母者则不然。熟记字母之形及拼音之法，以之读书，迎刃而解，以之记载，力半功倍。字母之为用大矣哉。

迩北洋有字母学堂之设，教成之学生，已有数万人，且将分设山东、河南等处。并以之出书报，其法极易，收效极速。即素不识字之人，课之旬月，慧者可秉笔记事，鲁者亦可见字而解其义，是诚中国造字母之嚆矢也。其造福国民，有功开化，岂浅鲜哉。然于此有不可不注意者二事，则文字改良，语言统一是也。所谓文字宜改良者，何也？中国文字趋重象形（虽有谐声，然其声亦由形而谐也），一字有一字之形，一字有一字之音，非识其形、记其音，不能识其字也。有字母者则不然。于字母既识、拼音既解之后，每见一字，先以法求其音，音得则义解矣。故有字母之文字，童子当牙牙能语之际，习之数月，即可知其大略，而读书作字，无纤微之困难。无字母者，则识此字，不能通之于彼，虽遍识应用数千字，尚难必读书无窒碍。此其难易，岂可以道里计耶！今既造字母矣，文字之改良，第一当研究也。效欧西之纯用字母乎，抑效日本假名（即字母）与汉字合用乎？此极难判断之问题也。记者于东西文言，研究方始；祖国声韵，津涘未窥，兹事体大，管蠡难测。然就愚见言之，似宜判为二种。其在小学则多用字母，酌夹汉字，而汉字之旁，仍注字母，以便记忆。将来社会日用文字准之，则辨认书写，便利倍蓰，识字之人必多，而字之为用亦必宏矣。至中学以上，文宜仍旧，而于生字之旁（小学校未习者），亦注字母，以便诵习。将来高尚文学，决不致以字母而失昔日之粹。是殆一举而两得者乎。

所谓语言宜统一者，何也？中国方言不一，言政治、言军事、言教育、言交通者，无不引为莫大之害。无论南北语音，杂然不同，即邻郡相接，而语言亦异。甚至同一县也，此乡与彼乡且判若二国焉。是以我国上下，知有乡谊而不知有国家观念，知有省界而不知有国家种界也，可不为大哀哉！平日政教不一，交通不便，以言统一难矣。今当创造字母之际，若仍家自为政，乡自为俗，不择一地方适中、语音轻利而用行最多者为准，则语言之统一不可期矣。语言之统一不可期，即全国人心之统一不可期矣。全国人心之统一不可期，则竞生存于天壤之间，必不可得胜也。至语言统一，以何地为标准，则当取各省语言细较之，择善而用之，切不可因袭陈腐而敷衍己事也。

文字语言当注意之点极多，而此二者，尤为重要。有改良社会之责者，盍留之意焉。

（原载于《教育文存》卷三，中华书局1922年3月版）

《世界教育状况》绪论

教育之声，遍于朝野，十年于兹矣。同人组织杂志，以与国人相切磋，亦既三年于兹矣。而教育普及，渺不可期。人才缺乏，尤堪浩叹。若是者何也？吾尝渊渊而思，思其所以致此之原因，殆制度不善，方法不精之咎。而制度何以不善，方法何以不精，则见闻狭隘，研究不足之咎。吾尝欲研究制度方法，以示国人。顾人事牵制，才力复缺，有志未逮，徒事蹉跎，良可笑也。

吾向者以教育制度，权在政府；教育方法，责在国民。权在政府者，非吾人所能为力；责在国民者，则匹夫之贱，与有责焉。故思研究方法，以改良在野之教育。今年适有闰月，乃谋辑《办学须知》，专述教授管理之法，以为任教育者壤流之助。既而思之，凡事须从根本解决。个人讲学，仅需方法；公共教育，当重制度。盖方法虽良，而制度不善，则处处荆棘，无可作为。于是方针顿变，舍方法而事制度。

各国教育制度，各不相同。不惟吾国书籍，论述甚鲜，日人著作，亦不过英、法、德、美四国之大略而已。若比、若荷、若奥、若义、若瑞士、若瑞典，皆有特长之制度，为汉、和图籍所未详。吾人日日言取人之长，补己之短。而不求知人之长，又安能取以益我哉？甚至所谓外国，皆指日本，一若外国仅一日本，日本即各外国。又若日本有者，各国皆有之，日本无者，各国皆无之。于是不究利害，不考国情，事事规仿日本。夫日制善者吾采之可也，其不善者，吾可求欧美之善者而采之，方能取法乎上，不落人后也。

吾国今日，亟宜注意者有三：国民教育，一也；职业教育，二也；人才教育，三也。国民程度之高下，恃国民教育。国民生计之赢绌，恃职业教育。而国势之隆替，教育之盛衰，厥惟人才教育。质言之，无国民教育则国基不固；无职业教育，则生活维艰；无人才教育，则国家无所倚，国民失向导，终于必亡而已矣。

国民教育与职业教育，皆当注意普及。注意普及，则当注意设立维持，与夫师资之养成。人才教育，当注意应吾国今日之急需，与夫所以扩充吾国势，促进吾文明者。尤当注意令大学学额与预备教育相应，勿令多数摈弃，致养成高等游民。此皆欧美各国已具之规模，吾国亟当采行，而日本有志未逮者也。（日本小学教员无资格者，约占半数。职业教育，仍未发达。大学预科卒业不能入大学，中学卒业不能入高等者几占大半。）

吾今本此宗旨，搜集世界各国教育之制度，及其现在之情状，辑为一编，颜曰：《世界教育状况》，为我《教育杂志》之增刊。各先进国之所长，略在于是，善取之以补裨吾国，不得不望之教育行政官，与夫在野教育家矣。

是书编辑之际，值各省教育总会开联合会于上海。不能从速杀青以就正焉，是吾之罪也。幸中央教育会开会在即，是编出版之日，正中央教育会开会之时。愿与会诸君研究采择，确定吾国教育之方针制度，则吾所祝祷翘企者也。

一、是编以最近所知为断，旧者为五六年前调查，新者则去年之情况也。

二、是编采辑之书多至百数十种，参互杂糅，不能确指为某篇出于某书，故不复分别注明。

三、是编采辑之书德文最多，次英文，次法文、东文，商务印书馆西文部、东文部诸君赞助甚多，书此志谢。

四、是编编译非出一手，原本亦有数国文字，译笔定名不能一律，乞谅之。

五、是编仓促成书，讹谬必所不免，大雅君子进而教之幸甚。

（原载于《世界教育状况》，1911年8月版）

教育上一个大问题

现行的学校制度和拟议的新学制，在普通教育上都有一种共同的缺点，就是以中人为受教育之标准。上智下愚，应该如何？却没有办法。以财力为受教育之标准，富而愚或尚有侥幸的希望；贫而智却只好望洋兴叹了。

我们应该知道：人的智愚，相差很远，聪明人一年的进步，笨人三年五年还赶不上。什么四三四制、六三三制、六二四制……要叫上智、中材、下愚受同一之教育，试问行与不行？不说别的，就是同一父母的兄弟，恐怕也不能有同一的进步。

我们应该知道：贫民尽有聪明的子弟，出身贫困的人物，实在比富家更多。现在的学校收费虽少，却不过便宜了小康以上的人家，真正贫穷的人还是没有力量读书。反不如从前书院制度，寒士靠着膏火还有上进的希望，出几个贫民的科甲、布衣的卿相。

我们应该知道：教育平等，是要无论贫富，有同受教育的机会；不是压抑上智，提弄下愚，使和中庸的人平等。如果以此为平等，他的结果一定是下愚仍就下愚，却把上智牺牲了。

我们应该知道：无论国和家都是靠人才振兴的。倘若全是庸人，成了一个饭桶世界，那个国家还可问吗？

我们应该知道：近来欧美、日本都在那里研究天才教育、劣等儿教育……这与我们古代因材施教的学说若合符节。德国、法国中学和小学平行，也是这个意思。人之才不才，和木料的材不材一样。倘若大匠造屋，把梁柱、椽子、门窗、地板用一样的木料，岂不是大笑话吗？

平心论之：公众教育，要他一点不牺牲，一点不勉强，那是办不到的。不过我们应该：

使富人多出点学费！

使贫人得读书的机会！

使中材以下的子弟受相当的教育！

使中材以上的子弟得优良的进步！

有人主张国民教育应该一律平等，不分阶级。又有人主张义务教育只求普及，不妨简陋。我以为这两种主张都不甚相宜。你要他一律平等，财力不及的人只好不受教育；不屑与贫愚为伍的人，不是自己家里请先生，就是进教会学校或带点特别色彩的学校。一如北高、南高附属及几个南洋公学附属等——义务教育应该普及，谁也不能否定。不过任他简陋，把优秀儿童埋没在不良教师和简陋设备的里面，试问应该不应该？况且现在的才和财，虽然不能将义务教育完全办好，但是每县办一所乃至十余所完备的小学，那是做得到的。

我就我的理想，把小学校办法拟一草案如下：

小学校分模范小学、义务小学两种。

义务小学不收学费，设备不妨简单，教员只求有高小卒业程度。修学期二年、三年、四年。

模范小学收较巨之学费，但对于无力者得免半费或免全费。设备须完善，教员须师范毕业或曾受检定者。修学期前期四年，后期二年，并得设一年之补修科。

义务小学三年或四年修毕者，得受试验，入模范小学之三年级或四年级——假定义务小学成绩比模范小学差一年——试验科目为写、读、算术及智力测验。如试验结果，认为天才儿童而十分贫困者，不但免学费，并给以相当之供给——如书籍纸笔费、膳宿费等。

各县应该筹一笔天才教育费，专补助贫苦之天才子弟，从小学后期起，至中学、大学止。补助的条件：一、真正贫苦；二、看他贫苦的程度，补助一部分或全部分；三、智力测验和学校成绩，都要优等；四、某年或某二年成绩在中等以下时，得酌量停止补助；五、毕业后就职所入，当以十分之二提充天才教育费。

写到这里，戴君懋哉看了一遍，说道："你这主张好是好，不过我有三种怀疑。第一，义务教育，任他简单，将来怎么得了。第二，多数有钱的子弟和少数贫苦的天才，得受完备教育，其余任他简陋，岂不是好的愈好，不好的愈不好吗？第三，天才教育补助费，恐怕被有势力非贫苦的人占去，贫苦的天才仍旧得不着。"我回答道："义务教育如果真要普及，全国的学生数当在七八千万人，教员要一二百万，经费大约在四万万元至八万万元之间。试问有何办法？别样姑且不讲，单教员一项，现在全国的师范学校不过二三百处，每年毕业的人决不满万。如要养成百万以上的教员，真真是‘俟河之清’了。每年高小毕业的人，大约在二十万以上，许他任教员，那就容易办了。况且高小毕业生比师范毕业生薪水也可减少大半。我明知道这个办法不好，但是照现在情形，财与才两方面，都非此不可。与其财才困难，不能普及，不如因陋就简，使下等社会之儿童可以识些字，学点加减乘除，到底好得多呢！将来教育进步，渐渐的提高程度，严加取缔，希望百十年后，义务小学都变成了模范，岂不很好吗？现在世界各国除瑞士等文化最高之小邦，没有一国不是觉着教员不够的。英国的小学，初级就是用高级学生任助教，要任过助教的才能入师范学校。至于小学分模范、义务两种，并非我有意分阶级，倘若地方经费充足，儿童天资相差不远，何必多此一举。不过依我所见，每县办少数的模范小学，财与才还可勉强。有了几处好的学校，其余学校也可以有所观感。国民平等，只在机会上面，决不能强使智愚平等。就教育上说，一面使一般国民均受义务教育；一面把天才养成人才，不使贫而智的向隅，这才是真正平等呢！我们要把贫而愚的人民变成富而智，只有给他受好的教育。但是混在一起，智的被愚的带累，牺牲实在太大。你以为小学分阶级，好的愈好，坏的愈坏；我以为分开之后，方能‘披沙拣金’，陆续把好的拔出，愈拔愈多，岂不是渐渐地都可变好吗？至于天才教育费，是不是要被有势力的占去，那是另一问题。倘若地方办学者，连这一点良心都没有，我们只好不谈教育了。”

我写这篇时，天气怪热，又常常被他事阻扰，写写停停，不能有什么精彩，还请阅者原谅！教育界诸君如愿讨论这个问题，或则试办试办，那是我所希望的。

（原载于1922年《中华教育界》第12卷第1期）

《中华书局月报》发刊辞

我们中华书局开办十一年了！编辑所、印刷所、总分店同人不下二千。平时对于非所在地的事情，不容易知道。常有外人知道的，和同人谈起，同人简直一点不晓得。我觉着此种情形不甚好，想印行一种定期刊，一面记载事实，一面交换知识，于公司于同人都有很大的益处。

有一日，我将这个意思告诉李君默非、戴君懋哉，他们两位都以为然。现在决定先出月刊，将来或则改为半月刊、旬刊、周刊，也未可知。

我很希望全公司同人注意此月刊，并希望将心得写出，投稿于本刊。

陆费逵

一九二二年八月二十日

（原载于1922年《中华书局月报》创刊号）

我们为什么要读书

我们为什么要读书？现在一班人的答案，或说“为求学问读书”，或说“为赚钱读书”。我以为都不能包括这问题的全体，而且不免有错误。

我以为答这个问题要先把前提分清楚。答案如下：

甲、普通学校的学生为人格读书。

乙、专门学校的学生为人格或学问或技能或职业读书。

丙、有职业的人为职业或修养读书。

更有三种消极的答案：

一、读书的读书，是为读书而读的，不可有致用之想。

二、应用的读书，是储蓄备用，不是立刻应用，也不是件件要用。

三、不可存读书卖钱之心。

我们有职业的人，应该每日有半小时至多二小时读书。不可不读，因为职业上、修养上都有读书的必要。不可读得太多，因为太多了有妨办事，有害身体，更恐食而不化，变成书簏。

我们应该读什么书？此问题的答案，要看各人的性之所近，各人的程度，各人的需要，不是可以一概而论的。简单言之，我以为除无益的小说之外，无论什么书都可以看。

我每日读书，少则半小时，多则一小时许。从十七岁出来任事到现在，差不多都是这样。我没有长性，这样看看，那样看看。所以常识虽然有一点，却没有一样有心得的。

我想读书的方法，应该常常有一种专心精读的；此外随便涉猎，只要看得懂，无论什么书都好。

（原载于1923年《进德季刊》第2卷第2期）

《人生哲学》序

舒新城著了一部《人生哲学》，要我作一篇序。我说："我很想作一篇长序，但是我少有整闲的时间，要说的话又太多，恐怕作不好。"

什么是人生？什么是人生哲学？我以为人字是包括精神、肉体两方面，生字是指活着的人。人生哲学就是研究活人的精神、肉体两方面怎么维持。

古人说："人之大患，在有吾身。"我以为还不尽然。实在人之大患在有生命之身。倘无生命，身入土中与草木同腐，有甚么患呢？倘无肉体，灵魂飘荡宇宙中，就是有患，也不是生命之患。我们这个有生命之身，如何免患，这就是人生哲学。

孟子说"性善"，荀子说"性恶"，告子说"性无善无不善"，孔子说"性相近"。其实性是种子，有善有恶。扩充善种，就是为善。扩充恶种，就是为恶。"人皆可以为尧舜"，未必人人都成尧舜；"狗子有佛性"，未必狗狗都能成佛。孟子说性善，证据很多。但是他又说："食色，性也。"食色既是性，那么"紾兄之臂而夺之食，逾东家墙而搂其处子"正是食色之性，正是性之一部分，哪能说人之性善？我想要紾而夺，逾而搂，是性之恶种；知紾夺逾搂之非而不为，是性之善种。人之善恶，看他扩充哪一面。

人性之中，有善有恶；一人之性，又杂善恶。如何方能行善祛恶？我上月替“中华书局同人进德会”的《进德季刊》曾作一文，题目是：万恶惰为首，百善忍为先。

人有所不为而后可以有为。不惰才能有为，能忍才能不为。放下屠刀是能忍，成佛还要不惰。

人生问题是一个哑谜，从古以来没有正确的解决。我们在这不解决之中，求相对的解决。孔与佛实有研究的价值，等而下之，即迷信的拜偶像，虚渺的登天堂，甚至想发财，想有后代，都可以解决他的人生问题。为什么呢？人生最要紧的东西是希望和目的，最痛苦的是绝望。有希望、目的而不绝望，一定能忍能为；无希望、目的而绝望，他又为什么去忍去为呢？

我觉着现在最痛苦的人，是觉悟而不澈底，空想而无实力的一般青年男女。他们没有正确的希望和目的，他们没有能忍能为的定力，更或因环境不好而悲观，更或因物质迷惑而堕落，更或因习惯束缚——如结婚不自由，寡妇不再嫁之类——而生趣毫无。他们的人生观，还不如力耕的农夫和念佛的老太婆。

我想我们要解决人生观，第一要有澈底的知识。新城此书，从科学上、哲学上讨论人生之所以为人生，正是我们求知的宝筏。第二要有能忍能为的力量。我是冷水浴的实行者，我将我的见解经验说说。

冷水浴的功效，生理上可以坚皮肤，活血行，强体力；精神上可以清楚头脑，增加忍耐力——更能减少遗精和性欲的冲动——我在二十岁左右的时候，身弱多病，易疲易怒。十几年来，天天冷水浴，身体渐强，气质大变。从前作文一二小时就疲倦的，现在连续六七时还不觉疲倦；从前脾气极坏，甚至和人拍案相骂的，现在横逆之来，可以一笑置之。我对于运动、静坐，都不甚感兴味，或作或辍，毫无成绩。只有冷水浴成了习惯，愈久愈有兴味。不但我的体质、气质变化，我的人生观也大受影响，或者四十能不动心也未可知。我觉着冷水浴是我的人生哲学，读新城此书的人也愿意习我的人生哲学吗？我愿作指导者。

（原载于舒新城编《人生哲学》，中华书局1924年版）

国民教育之两大问题

吾久不作教育文字矣。良以“簿书鞅掌”，日鲜暇晷；益以近两年来，学者名流，正在拟订学制，不学如吾，焉敢妄参末议。然此次作长江之游，见闻所及，发生无数感想，尤以关于国民教育为尤甚。兹先提出两大问题，略述鄙见，藉供教育界之研讨。

一、 小学校之性质及科目

吾此次出游，仅以三周，历湘、鄂、浔、芜、宁等处，且在牯岭小住三日，对于教育上实不能有所考察。某日，长沙曹君孜谷（典球）约余及教育界诸君午餐，席间略有讨论。餐罢，参观楚怡小学。因楚怡即在曹君住宅间壁，曹君且为校董之一也。楚怡之设备、教学均极完善，大概情形如下。

（一）校地十余亩，自建校舍。

（二）用设计教学法。每一教室，一面为某级之机关，一面为某科之课堂。各就科目之性质为相当之设备（桌椅均不同）。

（三）科目完备。

（四）余参观各级所上之国语、英语、算术、自然、木工等课，教学均极有精神。一年级由女教员用设计教学法，混合国语、自然、工艺、唱歌等科，尤见特色。

（五）分九级，学生五百余人。

（六）经费年约一万三四千元。

余参观之下，觉楚怡不惟在湘可称完善之模范小学，即在沪、宁、京、津亦所罕见，尝自语曰："小学校不当如是耶？"

余素佩湘人，以为湘校即不能尽如楚怡，亦当有可观者。乃调查之下，则长沙县立城区十三校，岁费之总数，不过与楚怡一校等；而乡村学校最少之经费，年仅四十千文，合银十八九元（银价每元兑钱二千二三百文）。不但谈不到设备训练，间有并教科书而无之者。余刺激之深，殆非言语所可形容，又自语曰："小学校果当如何耶？"

归途在浔、芜、宁等处，与当地教育界人士接谈，各处普通状况如下。

甲、就学儿童多中上人家之子弟，贫苦人家甚少。换言之，即享教育费之权利，限于中上人家，而贫苦者不得参与也。

乙、稍佳之学校招考，投考之儿童无不数倍乃至十余倍于学额。换言之，即多数以额满见遗也。

丙、私塾甚发达。中上人家，且多延师设家塾。

丁、某地书业某君说："十年以前，三、百、千——《三字经》《百家姓》《千字文》——仅邻近十余县，可销二十余万。今则不及什一。不知均改入学校耶，抑村童读书者减少也？"

吾就此数则，得下列之答案。

甲、学校名额，几被中上人家占尽，贫苦子弟不得参与。

乙、额满见遗之儿童，只好入私塾或不就学。

丙、中上人家延师课读，年费少则一二百元，多则三五百元。

丁、贫苦儿童无力读书，并从前读三、百、千之权利，亦被剥夺。

吾又尝见湖南全省之教育统计，小学校数一万零，学生数三十万零，平均每校不过三十人，是大多数平均年费数十百元之单级学校也。吾就上述情形，敢正告新学制起草诸委员曰："诸先生劳精疲神，求学校科目之完备，方法之改良，然实际情形如此。试问诸君所订定者，将限于最少数之学校实行乎，抑欲通行于全国也？年费数十百元之单级学校，能课国语、算术、自然、艺术、音乐、体育许多科目乎？并时辰钟而无之学校，能以分数计乎？一校仅一身兼作仆，月俸数元之教员一人，能胜甲科三十分，乙科四十五分，丙科六十分之烦乎？天资低而教管又不良之儿童，能达最低限度乎？吾有以断其均不能也。什九之学校均不能，然则诸君所订定者，不过发表诸君之理想，与事实固无关也。不过备少数改良学校之参考，与多数之小学固无关也。"

吾在途中，曾冥思此问题，非无解决之方。然非先打破教育平等之观念则无从下手。吾以为平等云者，法律上之待遇当平等，事实上之机会当平等，而经济及天资，决不能强之平等。不惟不能强之平等，且须就各人经济及天资利导而发扬之。其结果不惟不能强之平等，必其不平等之程度愈著，方可谓尽教育之能事，所谓因材施教也。

吾以为小学校当分为三种如下。

甲、完全小学。

乙、普通初级小学。

丙、简易初级小学。

完全小学之办法如下。

1. 当力求完善——科目完备，方法改良，经费充足。

2. 不妨多收学费（每年二三十元），而定一部分之免费额。一方使有力者多担任经费，一方使贫苦天才儿童，亦得受完备之教育。

3. 小学校各学年程度，当以完全小学为标准。初级中学招生亦应以此为准。

普通初级小学办法如下。

1. 科目至少须有国语、公民、算术、体育四种。能加常识、艺术、音乐者，以加课为宜。程度不妨稍差，但升入完全高级小学时，必经试验。其不及格者可编入完全小学四年级。

2. 照现制略收学费，并定一部分之免费学额。

3. 力能设高级或不设高级而设一年之补习科，均可听便。

简易小学办法如下。

1. 科目多少听便，惟至少须有国语、算术二科。

2. 年期长短听便，但至少二年。

3. 上课时间多少听便，但每年至少须有六百小时。

4. 儿童如改入普通初级小学或完全小学，不能凭修业证书，须受严格之试验。

5. 此种小学，最好不收学费。如能筹得相当之款，并宜供给书籍、纸笔等。

此种办法，必有人笑我简陋，笑我不平等。然在今日经济、人才之下，只有此种简陋不平等之办法，可以使有力之学校益臻完善；可使教育普及，贫苦儿童得受教育之机会；更可使种种不齐之儿童各得其所；尤可免教育费被中上人家占尽，屏贫民于教育之外也。

二、 平民教育与成童补习教育

近来平民教育之推广与日俱进，此吾国今日最好之现象也。然吾此次出游见有两现象。

甲、一般社会对于平民教育之教材多所怀疑。即办理平民学校者，亦漫无把握。而学生亦觉读书四个月之所获无甚用处。

乙、平民学校成人少而成童多，并有学龄儿童。

关于甲问题，在湘曾与教育界诸君作一度之讨论。某君语甚中肯。其言曰：

“平民以四个月读书，光阴有限，教材当精选合于贫民需要者。如太空泛，毕业毫无用处，不但牺牲来学者之光阴，且减少平民教育之信用，前途殊可虑也。吾以为平民教育之教材当注意三项：（一）日用之字。（二）最浅之信札账簿。（三）做人之知识。否则不如读旧时之杂字、贤文，尚较切实用也。”

吾答之曰：

“年来要求吾局编印平民课本者甚多。然吾局对于此种势必赔累之事业实无力举办。后以督促者众，乃集同人讨论，拟勉力编行。然对于教材取舍，会议多次不能解决，最后决定八项：（一）“杂字”式之文字。（二）简浅之信札及家用账。（三）民间文学之歌谣。（四）浅显有益之格言、谚语。（五）可为模范之故事。（六）浅近切要之常识。（七）浅近之公民知识。（八）简易之世界及中国大势。现在业已脱稿，日内即可出版。惟同人学识有限，不知能合用否？”

在座者颇以为然，然途中加以考虑，觉尚有许多问题。今略提如下。

1. 算术应否加课？用笔算，抑用珠算？程度如何？教法如何？

2. 四个月毕业后，应否深造？应否设高级学校？应设若干级？

3. 四个月毕业，如何可以使学生不忘记？用何方法自修练习？

4. 平民读书之后能否应用？生活上有无较良之影响？

此种种问题，吾尚不能作答案。尚望从事平民教育者研究而解决之！

关于乙问题，吾曾发表意见云：

“平民教育，实系成人补习教育。教材之取舍，教授之方法，均以成人为标准。如羼入儿童，则儿童之心理不同，阅历过少，混同受课绝不相宜。且儿童正当受教育之时，更不可以此四个月之读书代替教育。小学一时不能多设，无从容纳此多数儿童，或更因生计关系，不能于日间上学。似宜设法办成童补习学校。即就各小学校办理，校舍校具均可利用。一旋踵间，即可得无数之成童补习学校。其课程以国语、算术为主。可将初级小学四年之课程缩为两年授完。此事较平民教育尤为重要。盖此种成童，如不亟施教育，则十年二十年后之成人多数犹如今日，其危险为何如耶！”

在座诸君颇为动容。实则成童补习教育，在现在教育事业中最为重要。盖过去及现在学龄儿童就学者，不及百分之二十。其百分之八十以上，均有待于此成童补习学校。况就原有之小学校，添设补修夜课，事一而功什。望各地教育界速起提倡，以其关系于国家、国民者至巨也。

（原载于1925年《中华教育界》第14卷第1期）

新学制之批评

余好言教育，尤好谈学制。前清时代之教育，无方针，无方法，非以牖民，实以愚民，非以教育儿童，实以戕贼儿童。办学愈久，去教育原理愈远，余辈之批评主张愈多。盖至浅极显之学说，彼等皆未尝梦见也。

客岁南京政府成立，蔡先生任教育总长。暂行办法十四条，合乎教育原理及吾国人情风俗，较之前清进步多矣。迨南北统一，政府北迁，教育部人才，既皆极一时之选。益以临时教育会议，集千百人之见识经验，而议定种种制度，其妥善可行，夫岂待言。余等向所主张各说，缩短在学年限也，减少授课时间也，注重实利教育也，无不见诸实行。自此以后，吾辈非覃思熟虑，确具心得，不敢以至浅极显之学说，肆其笔舌矣。吾为吾国教育前途幸，吾尤为吾国未来国民幸也。

虽然，智者千虑，必有一失。天下之事，只有比较的善恶，无绝对的善恶也。新学制之大体，吾无间然，且亦有不必纷纷主张，致朝令夕更者。然有数事，确为新制之缺点，余客冬在都，曾与教育部诸君再三言之，今更撮录于此，以为吾《（中华）教育界》之社说。

一曰：初小第四年算术时间太少；高小第二年算术教材太少，第三年太多。余前岁著《普通学制议》，算术科采最近学说。主张初小第一年授二十以下之四则，而读法、数法扩充至百。第二年百以下之四则，读法、数法扩充至千。盖计算之方法从浅，以免伤儿童脑力；数法之范围从宽，以便日常应用，并为提早笔算。第四学年，多课珠算也。南京教育部本拟采之，后有人病其创见而中止，实则日本近已采用矣。今姑不论此，但初小第四年，以每周五小时之光阴，而欲课通常四则简易小数及珠算之加减，势必不能。吾国珠算之用至大，初小至少须习至乘法初步，能于三、四两年各课八十小时（即每周二时），或于第四年课百二十时（即每周三时），或可应用。新章虽未明定珠算时间，然依第四年算术共五时计之，必系每周一时，不言可知。此于儿童谋生、家庭信仰，皆有损害，不可不亟图之。至高小算术之分配，全依日本旧制。殊不知日本当日之制度，高小前二年为一结束，二年修满，或入中学，或改他业。故第二年新教材少而复习多。第三年为第四年之前半，故第三年新教材多而复习反少。吾国既采高小三年制，则三年当共为一结束。第二年既不结束，自应新教材多而复习少。第三年则小学七年，于兹告竣，自当有一大结束，而注重复习。订此课程者，未研究日本之教授细目，未明结束之理，遂有此误。然实际则第二年嫌教材太少，第三年嫌太多，且无复习之余地，非速改不可也。

二曰：英语之疑问。余主张高小以英文为必修科者也。如不能作必修，则毋宁不课。然此次新章，仍以英语为第三年随意科，且申明之曰：视地方情形，可自第二年始。此则吾所不解者也。高小设英语为随意科，盖本诸日本。然日本旧制，以高小二年衔接中学，高小三、四年为不能入中学而欲深造者设。其课英语也，注重日常应用，以为谋生之资。新制则以小学六年直接中学。高小仿法国办法，为课初等实业之用，故或课农业，或课商业。课商业者，方课英语。盖皆为不入中学而谋生者设，且彼中学五年卒业也。今吾国中学四年卒业，英语是否足用？英语足用，则高小或可不课，以省费用，且可以修英语之时间修他科。如中学四年，英语不足用，则高小不得不课英语，以为之预备。如以加课英语为谋生计乎？则当今之世，除山村之民，与世隔绝，专务农业者之外，未有不需英语者。绝不能判何地之民处世当用英语，何地之民不当用也。矧今之高等小学，固明明为正系普通教育，其毕业程度，固以升入中学为准。高小以英语为随意科，且可任意授二年或一年，则将来中学收入之学生，其英语程度当有下之三种。

（甲）已习英语二年。

（乙）已习英语一年。

（丙）未曾习过。

夫以中学主课之英语，而入学者有三种程度，中学第一年教科，将以何者为准则乎？强高就下，趣味毫无，强劣就优，躐等维艰。授英语者，断不能强编初习ABC者与已习二年者于一级之中，于是种种困难，缘之以生。前见北京高师附属中学，分一年级为二组。询其故，则以英语程度不齐，不能强合对。夫英语作为随意科，岂惟英语程度不能齐一，即国文、算学，亦必以英语之加课与否，受时间之影响（英语时间减，国文、算术时间充之）。鄙意中学既改四年，英语必嫌不足。高小英语，以作必修科为宜；而高小功课，第三年已嫌繁重，第二年却尚轻简。苟定英语为高小第二、三年之必修科，每周匀二时授之，当不为难。有此一百六十时间之英语，升入中学，则中学四年之英语，亦可与前此中学五年相等也。

此外尚有三事，皆当研究之问题。（一）农、商业是否当为正系高小之必修科。（二）以吾偌大且古之国，历史、地理之时间，是否与日本相等已足。（三）女子何以不设家事科，国文科女子所用读本，家事要项，如何加法（意谓别编女子用书乎，抑加于与男子通用之课本乎）。余以人事匆匆，又以教育界之出版期迫，不暇详言，俟诸异日。

（原载于《中华教育界》1913年1月号）

女子教育问题

近世论女子教育者，甚嚣尘上矣。究其实际，则偏激之流，直欲同男女之效用；老朽之俦，仅欲令女子粗识之无，其实皆非也。余以为欲定女子教育之主义，须先决女子之效用。就以上二说及余所主张，女子之效用，约分三类。

甲、激烈派

女政客。

女军人。

女工程家。

女商业家。

凡男子可为之事，女子举可为之，教育当与男子平等。

乙、顽固派

女子无才便是德，只要识几个字，能看家信已足。

女子有父、夫、子赡养，不必谋生。

凡男子可为之事，女子举不能为，无所谓教育。

丙、余之主张

女子将来为人妻，当受妻之教育。

女子将来为人母，当受母之教育。

女子不能全恃男子赡养，当择己所能任之职业任之。职业以女子性质、能力可胜任，又不为社会所障碍者为断，如农家之养蚕，工业之裁缝、刺绣、纺纱、缫丝、订书，学校之教员，以及图画家、音乐家、著作家等。

不能为政客，不能为军人，不能为工程家，以女子性质能力不宜也。不能为商业家，以吾国社会习惯不宜也。

今试就上三说而说明之。女子之性质，柔弱而优美，限于生理的作用，无可如何。吾岂不欲吾国骤增加倍之政客、之军人（意谓女子能之，则倍于现有之男子也），而必窒遏之，无如实际不能，犹之牝鸡不能司晨，无可讳饰也。若天下女子，竟为男子事业，则妻之持家、母之育儿，将令孰任？如激烈者所主张，岂果强令男子为之，以泄数千年女子之愤耶？岂果舍吾文明而效陋俗耶？况就生理而论，激烈之政争，极剧之工作，女子万不能堪。即使能之，而一遇胎产，则一年数月之光阴消于无形，政争必难持久，工作势必中止。吾知即有女政客、女军人、女工程家，世亦莫敢用也。此甲说之过也。

近世文明进步，即使女子不为职业计，家政育儿，皆非学识，不为功，仅识之无，安能敷用？妻有妻之教育，教育不备，则衣食住纷乱，而夫与己胥受其害矣！母有母之教育，教育不备，则教养无方，而子女胥受其害矣！况夫计算不明，常为人欺（余曩见邻妇不明计算，每日买水三担半，每担五文，日给二十一钱，已年余矣。其子在校略习加减，一日大呼告其母，谓只要十七个半钱。其母亦恍然，乃痛骂挑夫而绝之）。卫生不明，易损生命（此类事难以数计）。词不达意，辄生误会（某妇致夫书有“使人”二字，误作“死人”。其夫星夜赶回，买棺至家。此事良可发笑，然近日女校学生作别字者，殆可车载斗量也）。然则女子教育，固可以粗识之无为主义耶？此乙说之过也。

余之主张，毫无意气容其间。诸君试思，何家无妻，何家无母，何人不赖适宜之职业以生活？以妻之教育、母之教育，适宜职业之教育，为女子教育之主义，岂有丝毫谬误。若谓不然，则必女子不为人妻，子女不为母育而后可。至不适宜之职业，非不见信用于世，即以戕贼女子，夫岂主持教育者所当有事乎？

由是观之，女子教育之方法，必不能与男子从同可知矣。盖男子当期其为公民、为军人，不必令为人妻、为人母也。男子当任与世界潮流竞争之职业，无生理风俗之限制也。知此则女子教育：

第一，当养成贞淑之德、和易之风，并授以家政之智能，期可以为人妻；

第二，当养成慈爱之性、高洁之情，并授以育儿教子之技能，期可以为人母；

第三，当设女子师范学校，女子裁缝、刺绣、蚕业、图画、音乐等学校，期可以习一业以生活。

教育行政官厅乎，女子教育家乎，苟欲吾国女子能为妻母，能自生活，必自男女异教始。小学无甚问题，中等教育，绝无男女同学之余地。若夫特出之女子，愿于中等教育修完后，研究高深之学术，当认为特别情形，入男子大学也可，另设女子大学亦可，非可一概论也。

（原载于《中华教育界》1913年5月号）

论人才教育、职业教育当与国民教育并重

十年以往，兴学者辄侈言大学、高等，而轻视小学。于是内则京师大学，外则各省高等学校，不问学生之有无，教员之善否，同时并举，建筑开办之费若干万，经常费用若干万。办理不善，成效鲜睹，诟病之声，洋溢国中。于是舆论一变，谓必先有小学而后有中学，有中学而后有大学。注重国民教育之声，举国风靡，至近五六年而极矣。然而多数之学生，智、德、体三者，未曾愈于曩昔，而人才消乏，上下交困，反日甚一日。教育救亡之论，几疑其为虚诞，此其故何也？盖前者为无本之木、无源之水，其枯而涸，亦何足怪。后者则如惰农之治田，不知耕锄，不知培植，杂五谷于莠稗之中，虽溉之壅之，而卒不能收获也。庚戌之夏，《教育杂志》增刊《世界教育状况》之出版，余作绪论冠其首，曾标国民教育、人才教育、职业教育三者并重之说。是夏同人组织中国教育会于京师，余起草会章，复以是三者列入会纲。顾言之无文，说焉不详，不足以动人观听。民国成立以来，国民教育、社会教育之说盛行，人才教育、职业教育几在屏除之列。说者谓民国贵平等，故教育当采水平线的，不当偏重人才，以生阶级。人生贵有世界观，故当重美育，而不必孳孳于实利。是说也，以理论言之，未尝无一日之长；以事实言之，则国

民自杀之道也。夫国民教育，以水平线行之，所以使全国之人，具有人生必不可少之智识，以为国家之基础也。人才教育，则以出类拔萃为宗，所以使天才卓越之人，习高等专门学问，以为国家社会之中坚也。职业教育，则以一技之长，可谋生活为主，所以使中人之资者，各尽所长，以期地无弃利，国富民裕也。一国之立，非有曾受教育之国民，则风气塞陋，民俗愚顽。为民谋乐利，民反阻之；欲事改革，尤戛戛乎其难！此固吾国数十年来曾受之痛苦也。昔者，对于国民教育，漠视太甚，致有近数年之反动。几若各种教育，皆可任其有无，独国民教育当推行也者。然以吾国今日情状言之，人才教育、职业教育，殆较国民教育为尤急。目下国家社会之中坚，大半犹为曾受旧教育之人。文化日开，需用人才日多，如不早为培植，将来老成凋谢，继起无人，实为国家社会之隐忧。富而后教，古有明训。若饥寒不免，虽欲教育子女，力亦有所不能。况兴办学校，需费良多，决非一钱不名之社会所能有事。旷观中外教育发达之程度，无不视贫富为比例。而非职业教育兴盛，实业必不能发达，民生必不能富裕。故吾以为今日欲救危亡，第一须有人才，第二须有款项。有此二者而无国民教育，犹可力支危局，徐图补救。无此二者，即使国民教育真能普及，而国无栋梁之恃，民有破产之忧，国已不国，则彼普及之教育，亦昙花之一现而已。况主持学务，必需人才，维持学校，尤恃款项。无人才、无款项，国民教育决无由普及。而无人才教育、职业教育，则国民教育即使普及，亦不过增无数识字之游民而已，此非吾之谰言也。近年卒业中、小学者颇不乏人，然类皆无所事事。揆厥原因，约有数端。中、小学校，办理不得其人，款项又复支绌，因陋就简，成绩不良，升学则程度不足，改习实业则学艺又不足应用，此一因也。教育界之人才、款项，两俱消乏。高等专门学校，寥若晨星。职业学校，更如景星庆云，亘全国不数见焉。虽欲深造，而无升学之所，此二因也。实业界之人才、款项，亦甚缺乏。企业者寡，用人自少，此三因也。有此三因，于是教育愈普及，识字之游民愈多。天下可叹息之事，孰有过于此者哉！今日对于国民教育，尚有人知注重，尚有人能从事，其他政治、实业，亦尚有少数任事之人，未尝非前此兴大学，专门派学生出洋之效果。向使当日仅从事国民教育，恐人才消乏，尤甚于今日，欲求如今之现状而不可得也。各国兴学之历史，亦非先从事国民教育，良以国民教育之普及，其事至艰，为费至巨，可渐几而不能一蹴就。其事虽重，其效甚缓，特百年树人，为国家长治久安、日进文明之大计，轻视固不可，屏弃百事而仅从事于兹，则尤不可也。人才教育、职业教育所费不多，收效至弘且速。日本明治五年开大学，明治十四年方实行义务教育。然推行至今，犹未达普及全国之目的。大学人才，早已辈出，为国桢干矣！吾意：我国教育办法，须分三期如下。

第一期

（甲）国民教育渐次兴办。师范学校，尤须注意，务使适用。目下师范卒业生万难敷用，可多设教员养成所以助之。

（乙）维持现有之大学。

（丙）酌设规模弘大之高等、专门学校十数所。

（丁）联合数省合设甲、乙种实业学校、实业教员养成所若干所。

（戊）多派中学以上卒业者出洋留学。

第二期

（甲）就开通省份，试行义务教育。

（乙）扩充已有之大学。

（丙）多设高等、专门学校。

（丁）各县均设甲、乙种实业学校。

（戊）派专门或大学卒业者出洋留学。

第三期

（甲）实行义务教育。

（乙）添设大学及专门学校。

其尤当注意者如下。

第一，注意师范人才，勿令其太多，勿令其不足。

第二，第一、二期内，一面专设大学及专门，一面多派留学。

第三，款项当以六成办普通教育，二成办人才教育，二成办职业教育。今日财政分配未精，万不可惑于国税、地方税之说，过分界限，当统筹全局用之。否则非如昔之全用于高等教育，即如目下之地方有税，国家无款，大学、专门，岌岌可危也。

嗟夫！大学有停办之说，留学有减少之举，高等、专门，叹风雨之飘摇，甲、乙实业，更开办之无期。循是以往，窃恐他国之人才，将为吾之栋梁；他国之实业，将充斥于吾国。是非以教育救亡，直以教育促亡矣。大政方针，言人才教育以实业为主，仍世俗人云亦云之谈。盖人才范围极广，立国于世，何才不需，岂仅实业而已哉。

民国二年十二月，余历江宁、济南而至天津，所至之处，小学渐见发达，而人才教育、职业教育，不惟不进，反有一落千丈之慨！舆情如是，可贺亦可危也。辄书吾之主张，以审国人。旅邸嘈杂，行箧乏书，言既无文，意犹未尽。他日有暇，当更引申发明之。

（原载于《中华教育界》1914年1月号）

敬告中等学生

一、 中等学生之幸福及责任

中等学生云者，较小学学生高一级之谓也。其别有三：曰中学校学生；曰师范学校学生；曰甲、乙种实业学校学生。吾国教育，未臻发达，中等学校为数殊鲜。综计之，中学不过三四百，师范不过百余，甲、乙种实业学校，则仅七十余而已。平均每校二三百人，总计不足二十万。夫吾国人口四万万，青年子弟，当在四千万以上，而肄业于中等学校者，不足其二百分之一，岂不大可哀哉！而诸君竟出类拔萃，不为彼二百分之一百九十九，而为此之一分，其境遇之可喜，责任之重大，更何待言。吾愿诸君念此而自警惕也。

抑更有进者，中等学校学生，大率为中流以上之子弟。下焉者，虽天资、学力均可优为，而因经济之关系，势不能不望洋兴叹。卒业之后，在中学生，或进受高等教育，蔚为国家之栋梁，或出而应世，执中流以上之业务；在师范学生，则教育儿童，为将来国民之导师；在实业学生，则各就其所习专门之技术，从事实业。小之为一家糊口，大之殖国家之富力，较之未受中等教育者，相去奚啻霄壤。吾非谓未受中等教育者，不能具学识而膺上等职务也。特一则恃数载教育之力，一则恃多年奋斗之功，一则尽人皆可跂及，一则非才智毅力卓绝者，不克出人头地。其难易岂可言语形容哉！诸君得父兄庇荫，免为其难，仅恃数年肄业之力，遂能在社会上执中等以上之职务。其境遇之可喜，责任之重大，复何待言。吾愿诸君念此而自警惕也。

国家之成立，必有一种人为其中坚。吾国昔时之中坚在士，昔圣先贤之所立言，皆为士而发。政治上、社会上种种重要职务，皆为士所任。迨至晚近，政治上、社会上之事权，无一不在秀才、举人、进士、翰林之手。其非秀才、举人、进士、翰林者，尚须捐一监生以为进身之阶。僻小之县，一秀才、监生，均可顶戴辉煌，俨然绅士。其非焉者，虽巨富大贾，不能厕身于士夫之林也。新教育兴，旧制斯废。其为国家之中坚者，须具普通之学识能力。其具此能力者，以中等学生为最易而最多。他日国家社会，将以中等学生为之中坚，可断言也。嗟乎诸君，果如何方可自淑其身，而达此国家社会中坚之目的乎？

二、 人格之修养

立身社会之上，非有高尚之道德，康健之身体，则不能得社会之信用，耐心身之劳苦，而一事不能为，一业不能就，遑云国家社会之中坚哉。英吉利之教育，以养成人格为第一义，诚知所先务也。近年学校渐兴，教科亦有进步，然注意于灌输智能者多，注意于养成人格者少。殊不知，道德沦丧即使学贯天人，亦毫无价值。其才与学，不过以为济奸作伪之资料，害社会国家以害一己而已。况我国风俗，崇尚品行，文人无行，自古鄙之。言忠信，行笃敬，虽曰未学，亦可谓之学矣。故必智德兼全，始可谓之完人。苟不能者，宁德胜于智。盖德胜于智，尚不失为谨饬之流，虽不能膺大任，冀大发展，而谨守固有余也。若智胜于德，其不流于邪僻者鲜矣！且德本于天性，谨守而善充之，无人不可为君子。智识须视天资，其能不能，与夫造至何种地步，均有限制，非如德之身体力行，其权操诸一己之心性也。品性高尚，复尽己之力以求智识，则大成小成，均可立身。舍德而言智，德固失矣，智之成就与否，尚在不可知之列。即使其能成为上智，而根本既失，亦不足取。况学问之成，原于勤勉，而非中心有主，无愧屋漏，虽曰勤勉，亦有所不能哉。是德又为智之本矣。嗟乎诸君，学生之求学，固为求智识，然一经堕落，不惟为名教罪人，为社会不齿，即所欲求之学识，亦扫地尽矣。谓余不信，请诸君拭目以观。彼道德堕落之学生，学识迈人者有几？徒见个人身败名裂，家庭受其累，社会蒙其害而已。吾言至此，吾不禁为我青年前途危，尤为我国家社会前途悲也。

青年多病，论者或谓其由于功课之太重，勤勉之过度，以吾所闻，则均非是。质言之，青年之多病，均酒色二字为之。他种青年，非无溺于酒色者，然以劳力不劳心之故，其弊尚轻。若夫学生社会，平时既以酒色戕贼其身体，考试之时，复临渴掘井，深夜不眠，于是危及生命，或成废疾。即不尔者，亦复神志昏丧，考竣之后，学课随忘。嗟乎诸君，诸君幸有贤父兄，令其求学，复得种种机遇，以成其为中等学生，肩将来国家社会中坚之重任。而乃如此，试问子职何在，国家之义务又何在？即使诸君不知父母之劬劳，不知国家为何物，宁独不为一己计乎？道德高尚，心身泰然，可以立身，可以求学，可以康强，可以长寿。反是则为身败名裂，为学问荒疏，为疾病，为夭折。何去何从，何取何舍，三尺童子，亦知辨别，讵诸君而不知乎？吾敢决其不然也。然则诸君何以多数如是，曰其病根所在，不外贪一时之安乐，昵匪人之友朋而已。彼堕落之辈，当其为不道德之行为时，中心曷尝不知其为非，曷尝不受良心之裁判。而泚盈于颡，其所以终致堕落者，则一时不能自制其欲念，与夫匪友之怂恿而已。余敢敬为诸君告曰，诸君苟欲不堕落，必须时时制止其欲念，交益友而远损友。如道德之心尚不能完全制止其欲念，则运动以劳其筋骨，冷水浴以清其脑筋，固其体肤，不阅无益之书，不临非礼之地。苟能如是，吾可决其必不堕落。不惟不坠落，且可决其能成大器也。诸君勉乎哉！

三、常识之涵养

中等学生，果需如何之学问乎？实今日众议纷纭、莫衷一是之问题也，吾不暇细加讨论。且法令、校章具在，主校事者循而行之，学生循而受之，即有论列，亦非学生所能自主也。吾今所欲言者，即中等学生常识如何涵养而已。

常识之重要，近世学者，类能言之。大别为二：曰自然界之常识，曰人事界之常识。日月地之运行，风云雷雨之变化，动植矿之形态，人体生理之组织，均自然界之常识也。古代无此种智识，故孔子曰："迅雷疾风必变。"以及日月蚀之救护，旱潦之祈祷，乡村愚民更淫祀以求福，数千年来率行不悟。而科举时代之极弊，驯至子弟不辨菽麦，遑云其他。此非无自然界常识之铁证乎？友朋社会之交际，婚丧葬祭之礼仪，物价之高低，舟车之交通，议员如何选举，租税如何完纳，书札如何缮写，邮电如何寄发，均人事界之常识也。吾国学生，仅知读书，于此种知识不甚留意。驯至一出校门，茫然无所措手足，置身社会，多遭失败。究其原因，由于学问不足者，固亦有之，而大半均由于无常识也。

常识与学问，似同而实不同。涵养常识与研究学问，更似同而实不同。今举例以明之。作出拟电之文字，出于学问者也。其格式、称谓，以及措词之轻重、寄发之手续，则仅恃学问必不能行，非有常识不可矣。换言之，学问之为物，偏于理论或技术。常识之为物，偏于实际及应用者也。惟其如是，故学问可通于环球，常识必切于本国。惟其如是，故学问可求之异邦，常识必求之本国。非然者，学问即高，其如不适用何（童年留学外洋，归国恒不适用者，即此故也）！

涵养常识，随在皆可为之，殊无一定之方法。吾今略举数端，不过助诸君入手而已。

（一）多阅书报也。寻常阅书，固可助学问之研究，然其对于养成常识之价值，实高于学问方面。所阅之书，如科学小册子、文学丛书及处世、修养、传记、游记、笔记等，均极有裨益。日用文件尺牍等，为应世第一武器，尤不可忽。杂志、日报应选阅二三种，须自首至尾，悉心读之，即广告亦不可忽。尤当注意者为杂志之论文及日报之长篇记事。不可仅阅电报、杂记及有趣文字（电报取其迅速，已入世者最应注意。学生以明事之首尾为贵，故长篇记事，最为重要）。

（二）多游历而注意观察也。知识之养成，多由耳目输入。然百闻不如一见，目之效用，实远过于耳。观书用目，尚为间接，不如直接观察之有益。最好三五同学出外游历，始而本城镇，渐及乡村，渐及地方。沿途所见事物，留心观察，归而记之，或加以批评。记毕，彼此交换阅看，以见各人所见之深浅，批评之当否。此举于自然界、人事界均有大效。苟能行以岁月，将来入世，自无扞格之虞矣。

（三）留意师长及名人之谈话也。此举亦极有效，但须辨别其是非，明了其用意。如系有为而发者，尤须研究其原因。

（四）多赴讲演会、游艺会也。此举有三益：听名人之讲演，观他人之成绩，可以裨我见闻，一也；见他人交际情形，可以研究交际之道，二也；可多得朋友，且可多见名人学者，三也。

此外方法，不胜枚举，要在自己留意而已。吾见中等学生多矣，即吾局职员、学习员中，出身于中等学校者，亦非少数。其最多数之缺点，不在学问之不足，而在常识之不完，即吾国旧日所谓阅历太浅也。然阅历之深浅，视历事之多少。其一方面增进经验，一方面增进常识。然非先有常识，则经验决不如有常识者之精深。何如于学生时代，涵养充足，他日出而问世，既可以减少失败，且可于同一时日之中，得深于他人之经验。是予所厚望于诸君者也。

（原载于1918年《中华教育界》第7卷第7期）

实业家之修养

一

近数年来，风气渐开，群知非实业不足以立国。于是有志实业者，项背相望。然成功者什一，失败者什九，此其故何也？世界之上，卒业于实业、专门者岁若干人，执事于工厂、商店、农场者又若干人，以小资本自营者又若干人。而此若干人之中，或失败焉，或埋没焉，或仅以自给焉，其能称为实业家者，千百中尚无一人，此其故又何也？或以为前者坐无经验而败，后者因无机会而不获发展，固也。然经验以积久而得，机会亦未必不偶遇。彼有经验遇机会而仍不获成功，或虽成功而不能久大，或能久大而不堪为训，此其故又何也？余尝渊渊以思，敏勉以求，得其所以然之故焉。一言以蔽之曰：无实业家之修养而已。

实业家果需何种资格乎？以余所见，勤俭也，正直也，和易也，安分也，进取也，常识也，技术也，经验也，节嗜欲也，培精力也，殆无一可以或缺。人苟能是十者，虽天资稍逊，未有不成功者也。十者缺一，虽天才卓绝，而能成功者鲜矣。有志实业者，曷以是而反诸躬乎！

二

事业成于勤劳，而毁于怠惰。生计裕于节俭，而窘于奢侈。古今中外不易之理也。假使有二人于此，岁入各百元，甲异常勤劳，主人青睐有加，岁入逐年加十分之二。甲性复节俭，储蓄岁入之半，以作资本，十年之间，不难积至四五千元。乙则随队操作，监督偶疏，则偷闲而嬉。主人初容忍之，三数年后，忍无可忍，遂至辞退。乙复不知节俭，入不敷出，终不免冻馁死亡之忧。以同等之人，十年之间相差如是之甚者，亦勤俭与否之别而已。况以甲之信用能力，尚可望不次之超迁，而乙无储备，尚难堪不虞之意外，可不惧哉！岁入百元而用八十，可称富裕。岁入万元而用万一千元，可称贫困。见事勇为，劳而不怨，即使一时不见获益，而积之日久，未有不见效者也。彼美利坚之大富豪，辄为极贫苦之子弟，数十年间，拥资数亿，力抗帝王。其原因虽不一，然勤俭二字，固其主因也。盖实业界之人，初则以勤劳获资，迨有储蓄，则可以资本获资。劳力获资有限，资本孳息无穷。彼千百万元大公司之总理，岁入数千元至一二万元止矣。若有巨万资本，以吾国普通收息一分计，资本十万，岁入一万，资本百万，岁入十万。较之劳力所入，相去何止倍蓰。故非节俭储蓄，恃资本孳息，决无致富之一日。而发轫之始，赤手空拳，非藉劳力所获，铢积寸累，又无资本之可言。即富有资本之后，尤非勤劳不足以维持资本而孳息焉。彼大富豪之劳苦，固什佰于常人也。银行大王摩尔根，日事万机，殆过国家之元首，晤客至多不逾五分钟，其劳苦可知已。青年诸君欲置身实业界乎？慎勿忘勤劳二字也。

三

至于正直、和易二者，尤为立身处世之要件。盖作伪舞弊，一经为人觉察，在个人则身败名裂，不能厕身社会，在商店则信用坠落。初时或稍获意外之利，积久终必无人过问。美前大总统林肯少时，佣于杂货店，有妇人购物，多给钱若干。林肯夜间结账，知其误，跋涉数里，访妇人还之。该店业大昌，林肯信用亦渐著。吾国棉丝出口，每湿以水，冀分量之加多。外人初受其愚，今则多舍我而购他国之货。意、日之丝，美、印之棉，早夺我席矣。即使购我之货，亦必详审检查，百般挑剔，全国实业受其害，彼作伪者宁能独免乎！至于营私舞弊，干没侵吞，所获极微，而日久未有不为人所觉而不齿者也。夫贪一时之小利，至为人所不齿，牺牲终身之名誉事业，岂不愚哉！抑所得亦决不偿所失也。纵观古今成功之大实业家，未有不以正直著者。恒有朴讷之人，毫无特长，仅以正直之故，得人信用，至成大业。而才华卓越之人，身败名裂，甚或陷身囹圄，皆不正直之故也。恳切谦逊，人人莫不欢迎。乖张骄傲，人人莫不恨恶。若夫相骂相殴，更为下等社会所不齿矣。设有二商店于此，甲店和气迎人，无论购物多少，莫不和颜悦色，接待周到，即取阅多件，无论购否，毫无怨容。乙店反是，顾客稍事挑选，即怒形于色，如看而不购，更以恶词相加。试问购物者愿往何店乎？与人交际，以和为贵。平日与人相处，和易者人恒近之，傲狠者人恒远之。居下而和易，可免倾轧。居上而和易，可得人心。但不可胁肩谄笑貌为廉和耳。夫正直、和易二者，行之至易，非有痛苦也。与彼不正直、不和易者较，且可身心泰然。盖不正直则时时畏人知，精神之痛苦无穷；不和易则常与人龃龉，怨怒之损生尤甚。利害善恶，昭然若睹，何去何从，在自爱者之自择耳。

四

不满足者，人类之通性，而文明进化所由来也。彼世人怀不满足之心，辄意兴阑珊，不尽厥职，更或寄情酒色，地位因以动摇，愈不满足而不满足愈甚。是不安分，不进取，非真知不满足者也。世界富豪，殆皆自觉不满足者。然其所以处彼现有之境，无不谨慎安分，以保其地位，勤劳修养，以靳其发展。信用渐著，资本渐多，能力渐大，自能渐次成功，以疗其不满足也。安分之道有三：一曰尽职，二曰忠诚，三曰忍耐。己所当为之事，竭尽心力为之，不计报酬，不求人知，尽职之谓也。主人之事，犹如己事，不敢漫视；主人之物，犹如己物，不敢漫耗，忠诚之谓也。艰苦安之，责难受之，待遇虽薄，冀其徐厚，事计万全，不轻进退，忍耐之谓也。人苟有是三者，不惟现有之地位不致动摇，主人未有不重视，同辈未有不钦仰，社会未有不敬慕者也。夫主人重视，可望渐次进阶；同辈钦仰，则进阶无人不服；社会敬慕，则人人欢迎，必无赋闲之日。有上进而无赋闲，名誉恃以隆，生计恃以裕，资本恃以储。大实业家之基础，立于是矣。近世之人，多目安分为无用，不尽其职而望上进，不求诸己而怨人之不我重视，何其慎哉？侥幸之事，可遇而不可求。彼求荣反辱，求得反失者，皆不安分而冀侥幸者也。

虽然可安分而不可自画也。世人每有安分守己，惟求保现有之地位，不冀大发展者，是志行薄弱，非安分也。世界进化无穷，人之造就亦无穷。非努力进取，不能登峰造极。非有登峰造极之人，则其国家、社会永无由自振也。政治家努力进取，以改良其群治；军事家努力进取，以耀扬其国威；教育家努力进取，以高尚其人民；实业家努力进取，以充裕其生计。夫财为万事之母，无财则百事俱废，虽有政治家、军事家、教育家，而政治、军事、教育，固莫由举。然则谓实业家为国根本可也。世尝以富豪专制为社会病，不知苟无富豪与欲为富豪之人，则利弃于地，百业不兴，彼恃富豪为生之若千万人，必无今日之幸福。天生才智之人，以为社会倡。苟无其人，则庸夫遍地，何事业之足云，社会、国家亦必无今日之繁荣。苟人人欲为富豪，努力进取，实业未有不发达，国势未有不增进者也。进取之道有三：勇气、坚忍、准备是也。商战犹兵战，无勇气决不能赴前敌。床上初醒，一跃而起，此勇气也。嗜好来袭，一刀立断，此勇气也。出门旅行，风雪无阻，此勇气也。当为之事，立即为之，此勇气也。类此之事，不一而足，皆非大勇者不能也。有勇气矣，如一鼓作气，再而衰，三而竭，则有始无终，安能成功，是非坚忍不可。日日早起，常拒嗜欲，寒风砭骨，不肯半途而止，今日之事，不肯留至明日，皆非坚忍不行也。有勇气矣，能坚忍矣，然无准备，仍不能成功也。《记》曰："凡事预则立，不预则废。"天下事未有无准备而能行者。不识字读书，不能作文字书札；不习算知数，不能任会计核算；乃至各种事业，无一不需预习。苟非习之有素，即遇机会，亦不能攫为己有也。常人每叹无机会，辄言苟有人聘我任大公司重职，或能升充总理者，吾其可以得志矣。然平日无充足之准备，安得有人知而任之？即使有人聘用，或积资可升总理，其如己之不胜任何！下章论常识、技术、经验，皆所以为准备也。

世人因限于天资境遇而不能进取，或虽进取而不能成功者，亦不少其例。然非真不能进取成功，特未得其道耳。进取成功之道，首在择业。天资高下，性情宜否，与职业有莫大之关系。其宜者乐之不疲，成功自易。若择业不宜于己，徒以自苦，难望成功。不善筹划者，不可习商业。心思不细密，手足不灵敏者，不可习美术、手工。体格非极强者，不可习制铁、开矿。此其彰彰者也。间有脑力薄弱之人，意志薄弱，不堪久用。然心理学者及医家恒言，此类之人，每日之中，必有片时意思凝聚。苟利用此时，日日从事研究，脑力必以习惯而渐可耐用。且学业最忌间断，若每日一时，永不间断，积以岁月，其成就亦未可限量，但患无志进取耳。苟肯努力进取，无业不可成功，无人不可成功。不过成功之大小迟速，须视其人之天才机遇而已。

五

吾国实业界人物，最缺乏者，厥为常识。惟其缺常识也，故观察力不足。从事虽久，而经验不如人之深。惟其缺常识也，故补助科学不足。习业虽专，而技术不及人之精。

国民须有国民之常识，绅士须有绅士之常识，实业家须有实业家之常识。书札、算术、簿记、商品、实业地理、应用博物理化、外国语文、普通法规、财政学、经济学以及手工图画，实业家之常识也。若作文习字，若算术、理科，若历史、地理，则基本常识也。前者为实业学校通习之科目，所以养成实业家；后者为中小学校之主课，所以养成国民若绅士。

常识与经验技术之关系，可设例以明之。假使有二人于此同习商业，甲有实业地理、应用博物及图画之常识，乙则无之。于是甲于各地出产之多寡，物品之良窳，一望而知。有所见则图于手册，以便参证，且可示人。乙于地之东西水陆，既不了了，物品良窳，更浮光掠影，不得真象。以如是之二人，其所造就所经验，自必截然不同也。又设有二人于此同习机械，一有算术、图画之预备，一则无之。其业之高下，亦自不同也。此指习业而言也。若夫社交应付，更为实业家成功之要件。交际之中，非有常识不足以资谈助，且不能了解人之言论，即无由与人接近。夫不能与人接近，不能与人谈论，而欲得人之助，得人之与我交易，不其难哉！此社交之需常识也。营业之事，各方面均须应付，簿记、书札，为日常所必用者，无论已。诉讼之于法律，国际贸易之于外国语，虽可请律师辩护，舌人通译，然如丝毫不解，不惟恐受人愚，且无由操纵指示。况偶遇之事，仓卒之间，有不能待他人之我代者乎。曩者中华书局觅总公司屋宇，寻觅多处，无相当者。一日于无意之中，见一英文招租告白，循其地址求之，遂即租用。向使不解此区区数语之英文招租告白，则此屋必不能租用。某日发行所有书箱二寄旧金山，面书由新加坡转运，为某君所见，令将新加坡字样删去。倘使不为某君所见，则周折不堪矣。此类之事，吾国实业界数见不鲜，实为吾国实业家无常识之确证也。一事之不知，一字之不明，于是事务濡滞，经费虚耗，有形无形之损失，殆不可以数计。故实业家当力求常识，习应用学术，方可以达其发展之目的也。

各种农工商业，皆有其特别技术。主一事者，须解其事之技术。制一物者，须精其业之技术。譬之书法，同一笔墨，而作字之优劣相去天渊。无他，精熟与否之别而已。

世人对于自己专任之技术尚肯研究，同类之事，非己专任者，辄漠视之，此大误也。盖同类之事，虽非己之专责，然与己之专业，未尝无直接或间接之关系。更或代理他人或迁调他职，皆非储之有素不可。然只可以余暇留意，如舍己之专门技术而朝此暮彼，必终于一艺不能精也。

有常识矣，有技术矣，然如无经验，仍不能免失败。吾国人经营新事业，什九失败，虽多由资本不足、经营不善，然经验缺乏，实其最大原因也。吾国人有二误会，一则以为文人万能，一则以为留学毕业即可应用。殊不知文人万能，在昔时无教育无物质文明之时代，文人天资、思想较胜于常人，故无论何事，辄以文人任之。然多偾事而少成功，反不如毫无学识之工商家纯恃经验者，尚可较有把握。今者外商竞争激烈，尤非无经验者所可侥幸成事也。专门大学毕业，不过明学理及当然之法术而已。运用不熟，手目心思，皆未精练。以任助手，尚不能必其胜任，欲举全局付之，几何其不失败也。范君静生告余，谓曩者参观日本银行，总裁某君曰：吾行最重经验，大学卒业之学士，仅可供使役缮写而已。从可知实地练习之重要矣。盖上焉者以学理为基础，经验愈深，能力愈大；次则无学理而有经验，尚可以经验所得，循规蹈矩为之；若无经验而仅有学理，即使不至纸上谈兵，而以事业为试验品，不能不为资本惜，尤不能不为实业前途危也。事业愈大，所需之经验愈多。语曰：隔行如隔山，言甲业之人，无乙业之经验，则如山之阻而不能行矣。如何可得经验乎？此实业界所亟愿闻者也。吾意约有三端：择定一业，努力为之，不轻改业，一也；事事留心，为有系统之研究，二也；肯偏劳，三也。世人每不欲多作事，殊不知，多作事即可多经验；益于人者有限，益于己者无穷。尝读各国大实业家传记，当其未达之时，未有不役于人，更未有不多偏劳者也。

六

嗟夫！吾言及嗜欲、精力二者，吾对于吾国实业家，不禁慨然也。吾国实业界人物，曾受教育者固鲜，能自修养者亦不可多觏。谨饬之流，类能硁然自守，不肯逾闲。通脱之人，实偏于徇嗜欲、耗精力之途。广置姬妾，兼蓄外妇，狎邪赌博，一掷千金。此外玩物丧志，耗黄金于虚牝者，不一而足，而健康亦因之受损矣。大厂店之所以多亏折，鲜发达者，未始不由于此。盖迷途既入，不免神志昏而精神损，荒嬉多而励精少。其事业之受害，岂待烦言。此就有身家者言之也。至若寻常店友，所入甚微，亦复随流征逐，或乐而忘返，或勉撑场面，卒之亏空款项，遗误事机。小之一生无发展之望，大者有身败名裂之忧。嗟乎！我同志，嗜欲与精力不相容，尤与成功不相容。天下多嗜欲之人，未有康健福寿者，亦未有能成大功者也。

饮食男女，人之大欲存焉，人安可以无欲。人苟无欲，则无希望，百事皆无人为矣。然天下之事，适合为善，过则为恶，故嗜欲不可不节也。男女之欲限于家室。饮食征逐，限于酬酢。车服狗马，限于自己之身分。第能如是，则可以立身，可以宜家，可以健体，可以成业。

人既含生负气，自无不具精力者。然精力有大小，先天强者精力固大，而不善培之，必渐趋于小而至死亡。先天弱者精力固小，然善培之，可渐变为大而体魄日健。余先天不足，儿时多病。二十以前，体极虚弱。属文一二小时，必卧眠以休息。读书稍久，即疲倦不堪。近十年来，实行节嗜欲、培精力之道，身体渐强，疾病既少，亦堪耐劳，每日操作至十时以外尚不觉疲。余之逐日生活略如下。

朝六时半至七时半起床（视天气寒暖及夜归迟早，略有不同）。

冷水浴，嗽口，约半小时。

出外散步，深呼吸，约半小时至一小时。如起早，或散步乡村。

八时至八时半早膳。牛乳一中碗，面包或饼干三四片。

九时前后至厂（如延见宾客，或往访友人则稍迟）。

十二时半午膳。食米饭一中碗，荤素菜约一中碗。饭后出外散步。天热则静坐或稍眠。

午后至发行所。如有应酬，普通以七时至九时前后为度。

晚膳食量与午膳相仿。

七时半至十时返寓。如系九时前返寓，约读书一小时。迟则否，仅取当日之《申报》《时报》复阅一过，或读小说数页而已。间有特别应酬，迟至十一二时返寓者，然月不过一二日。

十一时前后就寝。就寝之前，五月至十月冷水浴，嗽口。冬季则冷水擦身，嗽口。

星期日午前省视吾父母，或访亲友。午后或治事，或游散，或酬酢。间亦作极小之樗蒲戏。

卫生之道，早起、少食、运动，助以空气、日光、冷水而已。兹略述其法与理如下。

早起　早起可吸清新空气，且可令早膳与午膳有一定之时。而午前神思清越，治事不甚倦，故为卫生立身第一要务。特早起必先早眠，尤须养成一醒即起之习惯。

少食　五六年前，余食量甚豪。早起食面两碗，午膳晚膳食米饭辄两碗半，午间尚须小食。然消化不易，常患腹疾。时时嗳气，口有臭味。后信仰少食之说，于是减食过半。初数日颇苦饥，一星期后，遂习惯矣。自是肠胃病大减，口亦无臭味。盖食量须与消化之力相称，否则消化不足而疾患生矣。

运动　运动可以活泼筋骨，清新血轮，为益甚大。运动之法，以体操、游戏、散步为最佳。沐浴之磨擦，亦可运动身体。体操之效最大，但无趣味，难持久耳。

空气　人之于空气，犹鱼之于水，得之则生，失之则死。利用空气之法有三：野外散步，一也；深呼吸，二也；多开门窗，三也。深呼吸之法，坚闭其口，以鼻吸气，约数分钟，吸至不能容时，方徐徐吐之。此法可以健脑及肺，久习之，必无肺病。

日光　日光可杀霉菌，又可以清血轮。无论动物植物，大概皆恃日光生活者也。利用日光之法有三：（一）衣物时时曝之；（二）多开门窗；（三）多出外。

冷水　冷水之为用极宏，但吾人不明其用，辄视如蛇蝎，亦以吾国水多不洁之故也。吾国自来水既不发达，滤水缸亦不能各处皆备，饮用冷水实多危险，不如仍饮沸水之为愈。

惟冷水浴或冷水磨擦，苟行之得道，实无害而有益。盖冷水浴可令皮肤坚固，血行迅速。放行之日久，能健体魄，治百病。丁君福保以之治肺疾，陈君颂平以之疗胃肠、癣疥、脑弱等病。余自行冷水浴以来，觉体渐强健，胃肠、伤风等患大减。窃敢保证此法，毫无流弊。惟下列数点不可不注意。

（一）试行之始，须在夏季。先用冷水湿手巾磨擦全身，再用燥巾磨擦其皮肤至发红止。

（二）冷水磨擦既惯，可行冷水浴。解衣之后，跃入浴盆，以两手划于水中，令其振动。冬日以一二十秒时为度，夏日约五分钟为度。浴毕先以湿巾擦之，再以燥巾擦之。

（三）当令人或隔夜将浴具冷水备好。起床之顷，立即行之。如往浴室，须着衣服，以免受寒。

（四）磨擦须令极干，勿令留丝毫水气。

七

余文毕矣，实业家修养之道，亦毕矣乎？曰：未也。未毕而余言止于是，何也？曰：实业家修养之道，余未能具知，即所知者，亦未能尽达之于笔也。读者欲研究实业修养之道乎？请读实业家之传记及立身、卫生之书籍。

（原载于1923年《进德季刊》第2卷第1期）

教育主义

一、 吾辈教育家之罪过

吾著此文之先，吾有一言敬告读者，曰：吾国新教育萌芽以来，二十余年矣。此二十余年中，不过糊糊涂涂，以办学为一种维新之标志，无所谓主义，无所谓程序也。教育行政长官之贤者，与夫自命为研究家者，亦不过看看他人的样子，做两篇文字，办两件枝叶的事，无所谓主义，无所谓程序也。吾国社会，对于教育，父兄令子弟就学，学子自己勤学，上焉者不过见他人之强盛，欲习一学一艺，以强盛吾国；下焉者不过为一身之功名利达，谋生养家而已，无所谓主义，无所谓程序也。惟其如是，故兴学二十余年，仍无所益于国家社会。不惟无益，其所以为国家社会之蠹者，反加甚焉。吾人一念及此，辄头汗涔涔。自悔十余年来之所为，非枝节皮毛之是务，即附会盲从之行为。呜呼！吾辈自命为教育家者，其罪过可胜言哉！

二、 教育主义

教育主义者何？施教育者定一目的，而令被教育者之人格合于此主义也。近世流行之教育主义，有军国民主义焉，有实利主义焉，有国家主义焉，有社会主义焉，有忠君主义焉，有民本主义焉，有其他之种种主义焉。视其名已不能无疑，考其实，则皆戕贼杞柳以为桮棬者也。然则教育主义当如何？曰：亦惟使人人尽其性做一个人而已。夫曰人人，则全国之人无不包括，男性、女性无不包括，健全、残废无不包括，智、愚、贤、不肖无不包括，普及之义具矣。曰尽其性，则有人类公同之性焉，有国民独具之性焉，有一家独具之性焉，有一人独具之性焉，胥人性而尽之。以遂其生，以安其业，以昌其家，以兴其国，教育之能事具矣。曰做一个人，则教育之目的与效能也。夫天地之生人为贵。人之所以贵者，岂以其能生活、能饮食男女而已哉？以其灵也，以其有理性也，以其能群也，以其能建设也。失其灵，失其理性，不能群，不能建设，则人而非人矣。世俗詈人曰“不是人”，无不引为大辱。呜呼！何今世不是人者之多而不悟也。此无他，教育者未尝教育所以为人之道，徒教育其杀人，教育其攘利，教育其利己之国家社会，而损人之国家社会，教育其为奴隶，教育其为暴民，教育其种种戕贼己性以求存于浊世；由今之道，无变今之俗，吾恐教育之兴，不过相率而为禽兽而已。朱子《大学章句序》曰：“是以当世之人，无不学。其学也者，无不有以知其性分之所固有，职分之所当为，而各俛焉以尽其力。”此诚教育之极则。教育主义至此，尚可言哉。

三、 教育主义如何实行乎

吾所说之教育主义，吾国果欲实行，当定一标的，审查而实施之。就管见所及，当分为四端：第一，保存其固有之优点；第二，改良其固有之劣点；第三，采取他人之优点；第四，融洽人己之优点，而成一新优点。此四者详说之，累千万言不能尽，抑非末学如余所能任也。今姑就管见所及，略述一二，以为当世教育家研究之途径。

余对于此四者之意见，大纲如下。

第一，我国固有之优点，在重心性而轻物质。以伦理的精神、伦理的组织为之基础，实有无上之精义，亘万古而不灭者也。

第二，我国固有之劣点，在无研究辨别，而任谬说之流传，陋俗之披靡。其中所含杀人、灭种、死心、绝性之原子至多，不仅为政治、经济、教育、风俗之害已也。

第三，他人之优点，政治、经济、教育、实业，胥末也；国富、兵强、器利，尤末之末也；其所优者，厥为科学及社会。科学的研究，社会的德性，吾人固望尘莫及，而科学、社会之精神，吾人更未梦见也。

第四，我之新优点，当以东方伦理的精神，立身治家，而祛陋俗，辟谬说；以西方科学的精神，治学问事业，而除偏见，减物欲；更进而立社会之基础。

程序既定，当就其条件详加审查。孰为优点，孰为劣点，孰当保存，孰当增进，孰当改良，孰当祛除，须详察国情，慎重定之，切不可稍存偏见。其审查之标准如下。

一、吾国固有之优点，与虽非真优而为国情所不能去者，则保存之。

二、吾国固有之优点，在今日已晦者，则发挥光大之。

三、吾国固有之劣点，与虽非最劣而为今日世界所不能容者，则祛除之。

四、他人较优于我之点，与我固有而尚有欠缺之点，则采择改良之。

五、无甚关系，可去可留之点，则听其自然，任其推移。

（原载于1919年《中华教育界》第8卷第2期）

整理汉字的意见

我们中国的汉字，难学难写，是大家都知道的。有人主张根本解决，用注音字母或罗马字母改成拼音字，我想一时是做不到的。（现在有一部分人单用注音字母写信作文，很有成效。但是要普及不误会，一时是不行的。）我们要减少难学难写的困难，只有赶快整理汉字。整理的方法有两种：一、限定通俗字的范围。二、减少笔画。

限定通俗字的范围，以普通敷用为宗旨。电报新编七千多字，是文人通用的，固不能作通俗的标准；教会里有通用六百字一千字的选定，不过太少了，又嫌不敷用。我想不必限定字数，应该以普通敷用为宗旨，详审选定，数目大约在二千左右。选字的标准，以普通应用为主。如“恭敬”和“虔恪”，要“恭敬”不要“虔恪”，“弱”和“荏”，要“弱”不要“荏”。如果两义都通用的，不妨并存，如“国”和“邦”，“狗”和“犬”之类。（我举例是随便说的，此类很多，难得遍举。）选定之后，要好好地作一本字典，明白解说意义；只要留普通应用的意义，不普通的简直可以不说。（我写到此处，案上适有《黑奴吁天录》，随手翻开卷三第二页，有“楚榜”字样，我以为“楚”字解释，以“苦楚”“清楚”为限；“夏楚”之义，已经不是普通应用了。“榜”字以“出榜”之义为限，“楚榜”“榜人”都不必要。）有人说：“我们文字现在还嫌不敷用，如照你这样做，不是更不敷用了么？”我回答他道：“这是普通应用的，是国民常识的，如果在专门学问和高等文学上，不但不必限制，恐怕还要造许多新字呢！”

我在宣统元年的时候，曾经主张用减笔字，和沈友卿先生打过一顿笔墨官司。后来不但俗体字没有通用，前清的学部和民国的教育部，反要书坊严格的用正体字。（现在举一个例：比方通用的“燈”字，我主张用俗体作“灯”，部中偏要用正体作“镫”。）通俗教育，硬要变成通古教育，你说可气不可气呢？

国民教育应该要字体简易，以节省学习的光阴，好让出时间，多得一点别种的智能。国民在现在世界上奋斗，也应该要字体简易，以节省光阴，好让出时间多作一点事工。用减笔字，确有这两样长处。比方“舆”作“与”，省了十画；“燈”作“灯”，也省十画，如作“镫”反多四画；“體”作“体”，省了十六画；“點”作“点”，省了八画；“對”作“对”，省了九画；“蠶”作“蚕”，省了十四画；“學”作“学”，省了八画。诸位试想想看，儿童学习的时候，省了这许多画数，不但容易认识，练习的时候，也可以省无数的时间。成人在社会上作事，写信记账以及种种的文字，省了这许多笔画，自然可以节省许多时间，多作许多事。况且实际上，大家早在那里用减笔字，为什么不肯明白规定呢？

用减笔字，是就社会上已经有了的基础，明白规定，用力很少，收效很大，这是第一步办法。第二步要将笔画多的字，酌量改变形式，减少他的笔画；虽然不是一时能成功的，不妨渐渐改变；一年改几个字，通行上应该没有什么困难。

我现在要说一个笑话。我的姓名陆费逵，笔画都很多。我平日签名，件数少还没有什么，件数多就厌烦的了不得。将来减少笔画通行起来，我的姓名“陆费逵”一定改成“六弗达”。本来三十四画，减成十六画，算来要省十八画。假使我从前每日平均签五十个名，减了笔画，可以签一百零六件。你看合算不合算呢？

（选自《教育文存》卷三，中华书局1922年3月版）

缩短在学年限

学所以致用也。而致用之期，必在壮年。过幼则稚，过老则衰。幼壮老之迟早，又以种族而异。印人十龄生子，三十、四十皤然老矣。英人四十多未娶，五十、六十犹壮健也。则相去之远，顾可以道里计耶?

我国人种成熟之期，固无印人之早，亦不及英人之迟，大约与日本相伯仲，或较早亦未可知。英国教育制度，不甚统一。在学年限，大率七岁入学，小学八年，中学四年，大学三年，二十一二岁可毕业大学，出以任事矣。德国小学，为平民教育。若入大学者，则由预备学校而中学而大学。预备学校三年，中学九年，大学三年或四年，二十三四岁亦可毕业大学，出以任事矣。法制与德略同，而省预备级为一年，大学卒业，可较德稍早。美国则小学八年，中学四年，大学三年或四年，与英略同。日本小学六年，中学五年，高等学校三年，大学三年或四年，约二十三四岁亦可毕业大学，在各国中为最久。日人提议去高等学校已非一日。我国定章，则初等小学五年，高等小学四年，中学五年，高等学校三年，大学三年或四年。七岁束发受书，即成绩优良，永不留级，非二十七八岁不能在大学毕业，出以任事，将三十矣。虽生计甚裕，无家事分心，而岁月悠久，人事靡常，二十余年之在学期，其不中途辍业者，究有几人。况成熟既早，衰老亦易。假定英德之人，二十一二岁卒业，七十岁休职，我国之人，三十卒业，六十余休职，任事之期，相差至半。是彼一人之用，等于我二人矣。况种强则夭者少，种弱则夭者多。英人平均年龄四十八岁，我国虽无调查，然平均决不过三十岁。死亡之数，英国少而我国多。死亡既早，任事之期愈短。是我三四人不及彼一人之用也。加以生计艰舒，判若天渊，假使在大学卒业者，英国千人中有一人，恐我国万人中尚无一人也。夫成材之难如此，衰老之易如彼，而必久其年岁，使任事之人，埋没于学校之中，是果何心哉。

在学期长，所造可以较深，余岂不知此理哉。无如就我国社会之情状，人民之身体，及现今教育之成绩观之，有不能不缩短在学期限之事。人才教育而缩短期限，则成才较易，任事之期较长；国民教育而缩短期限，则办学较易，普及之效易期。以鄙意言之，则今日学制，当改为初等小学三年，高等小学三年，中学五年，大学预科一年，本科三年或四年。废去高等学校，而置分科之预科。如是则七岁入学，二十一二岁可卒业于大学，出以任事矣。此养成人才之教育也。国民教育，仅初等小学三年，未有不疑其过浅者。是又不然。盖与其年限长而不能普及，不若年限短而普及；与其中途辍业，紧要之知识未完，不如短期卒业，所获虽浅，而为人必须之知识尚可粗具也。况所谓三年者，言此三年之教育以为国民均当受之，不能少于此也，非三年之外不准再入学校，禁其深造也。国民教育固愈长愈佳。英美八年之期，不能遂谓之极则，讵此定章五年，尚嫌其久乎？无如财力不及，徒托空言，能受此五年教育者，百不逮一；何如暂时缩短，尚可有万一普及之希冀。苟他日国力渐充，民生富裕，将义务之期渐次延长，始而加初等之年限，减高等之年限，继而去高等小学，六年均为义务教育，数十年之后，虽再延长至八年、十年，有何不可（延长小学年限，即当缩短中学以上之年限。非国民体育大有进步，万不可加长在学之总年限）。今人惟争此五年之名，并三年之实亦不克举。普及之效既不可期，而年限过长，望而生畏。窃恐数年之后，求如昔日之读《三字经》《千字文》《百家姓》《杂字》等书而改业者，尚不可得也（实则二年亦可，三年仍恐难行也）。

（选自《教育文存》卷一，中华书局1922年3月版）

减少授课时间

成人用脑，日不可过八时，过则易恼易怒，以脑力已疲也。童年脑未充实，尤不可过用。过用则更易疲倦，所得易忘，其弊一也。童年用脑过度，脑必受伤，成人之后，脑力已竭，将不能再用矣。古人小时了了，大时不了了之说，未必非原因于此，其弊二也。夫教授欲学生之深入也，乃疲其脑力而使之易忘；教育欲学生之成材也，乃竭其脑力而使之易衰。教育本旨，固如是乎？吾见成绩优等之学生，大半疲癃病废，而短命者且时有所闻也。

《癸卯奏定章程》初等小学每星期三十小时，高等小学以上三十六小时。此次学部奏定变通章程，则自初小第二年起每星期即三十六小时，星期日且须温课半日。噫！我国民体魄岂已迈欧美、驾日本乎，何能耐如是繁重之功课也？不宁惟是。主持学校者，且执昔日终日咿唔之例，以概学堂，嫌定章时间过少，变本加厉，又从而增焉。他处吾不具知，即以上海言之，某高等学堂，中学三年以上每星期授课四十小时，温习十二小时，星期日且有国文补习之举。以致学生日趋羸弱，与他校联合运动，鲜不败北，无一岁不有疾病之大恐慌。又有某蒙学堂，昔年每星期授课四十八时，现亦四十二时。孜孜如是，宜有成效可睹矣。乃开办十年，初无异于他校，学生身体，且获恶果。抑又何也?

欧美诸国教育最隆盛者，莫如英、法、德、美四国。然德国小学校第一、二年每星期不过二十小时，三年以上亦不过三十小时，中学校亦不过三十三四小时。法国小学校至多每星期三十小时。英国小学校每星期不过二十四小时。美国则第一、二、三学年每星期仅十二小时，第四学年十三小时，第五、六、七学年十六小时余，第八学年尚不足二十小时，中学通各学年，皆不过二十小时。夫时间短少，则脑力以舒逸而印入深，体育既不致有妨碍，而学科进步，且胜于终日伏案万万者。未闻世界教育家以其时间过少为病也。

日本以汉文西文并治为难，授课时间不得不稍多。然寻常小学，第一年每星期二十一时，第二年二十四时，第三、四年二十七时，第五年以上二十八时，至多不过三十时。中学大概二十八时至三十时。高等学校亦不过三十二时也。然日本学生之体力逐年趋于羸弱，大有江河日下之势。教育家群焉忧之，谋所以挽救之术，至今悬为教育界最大之问题。综观五国情形，亦可恍然于授课时间之宜多宜少矣。

我国数百年来，承帖括、鸦片、缠足之毒，人种体力之弱甚于各国。注意体育，尚恐百十年内不能养成强武之国民，以与列强竞，乃以过量之功课，强责儿童，结果如何，端兆已著。吾恐主持学务者之热心之希望，将尽付诸东流，且遗国家无穷之隐忧也。

然则我国学堂授课之时间，当如何酌定乎？夫我国教育萌芽，需材孔亟，不能如英美之优游，势也。然不顾国民之体力，徒知重学生之担负，苟不致酿成疾病，耗乏体力，岂不甚善。然征之实际，殊不尽然。则与其学问优而衰弱死亡，何如学问稍次而康强长寿也。故窃以为初小第一、二年，不可过二十四小时，三、四年不可过二十七小时，高小以上不可过三十小时。或虑小学儿童在校时少，家庭嫌其顽梗，每迁怒于学堂办理之不善。然是亦有术焉。或将温习时间置诸校内，或延长游散时间，是在从事教育者酌用之耳。

（选自《教育文存》卷一，中华书局1922年3月版）

男女共学问题

男女共学之利害，议论纷纷，莫衷一是。就种种方面观之，则分校为正则，共学为权宜。二者当兼采之，不可拘泥也。

主张分校之理由：男女有别，不可混于一处，一也；男女性质不同，教科当随之而异，二也；男女处世，地位不同，所需之知识技能亦应各异，三也；男女体力脑力有强弱之分，共学不免有仰企俯就之弊，四也。

主张共学之理由：十二岁以下之儿童，脑力体力男女无大差异，情窦未开，决无嫌疑。况男女性质不同，正可借此调和。男受女之感化，可变温和；女受男之感化，可期活泼。交际既惯，成人之后，可无羞涩退缩之患。此学理上共学之理由也。分校则人材经济，诸多困难，共学则无此弊。贫僻之区，设一小学，已属勉强，断不能再设女校。若不令共学，女子必无可肄业之所。强之分立，不惟女校不克成立，男校亦必受其影响。况极贫之区，并一校而不能设立者，比比然乎。欲不令男女共学，是无异不令女子受教育也。此事实上尤必共学之理由也。各文明国中学以上，多不共学，小学则未有绝对不共学者。风俗固有不同，而事实上亦有不得不然者在也（欧洲古代宗教教育系绝对不共学）。

今之反对男女共学者，多以男女有别为词。不知髫龀之年，有何妨碍。吾国社会风气，小学堂男女共学，固未尝绝对的反抗。即科举时代言之，十二岁以内之女子，出外就傅者，亦数见不鲜，惟讲道学者泥古不化。女子读书，已所不欲；男女共学，更视为有伤风化。故部章订明“女子小学堂与男子小学堂分别设立，不得混合”（《女子小学堂章程》立学总义章第二节）。然欲普及教育，则事实上决不能行，徒令办学务者困难而已。

虽然，男女共学，固非绝对的无弊害也。十二三岁以上，情窦渐开，色情感动，在所不免。不惟道德上可虑，亦卫生上之大问题也。主张共学者，不可不知。任共学之学堂堂长、教员者，尤宜注意。

余固反对绝对的分校说者，亦非主张绝对的共学说者。窃以为初等小学学生，在十二岁以下，应不分男女，一律收纳（近见男女共学之小学堂，限女生年龄而不限男生，颇非善法。余意男女均应限制，万不得已，宁限男生而不限女生）。高小以上，自应分校。然若十分贫僻之处，只能设一单级高等小学者，仍当共学，免令女子失学（力能设二级者，即可设男女各一单级）。盖即十二岁以上之男女共学，苟管理得宜，其害甚小；若坐视女子失学，则其害百倍于共学矣。

男女所需之知识技能，固不相同；然其不同者，特女子之家事裁缝而已。此二者可特别另课女生，并无困难也。

（选自《教育文存》卷四，中华书局1922年3月版）

敬告民国教育总长

临时政府成立，教育总长幸庆得人，此深可为吾未来国民贺者也。改革伊始，百端待理，缓急轻重，亟宜审慎。当以政治的眼光，察社会之情状，不可囿于学理，尤不可盲效他人。应行之事虽多，而今日所尤急者，厥有四端：速宣布教育方针，一也；颁普通学校暂行简章，二也；组织高等教育会议，三也；规定行政权限，四也。略疏其理由、方法于左，以备采择。

吾国教育方针，当采何种，固非一时所能决定。然养成共和国民，固无疑义。应由教育总长择定方针，从速颁布，而后教员可据以施其训练陶冶，教科书可据以定其编辑宗旨。否则议论纷纭，莫衷一是，教育效果，终不可期也。

民军起事以来，各省学校，大半停办。青年光阴，徒耗半年。今则阳历改岁，阴历亦伏腊矣。转瞬新春，各处学校，将开办乎，抑仍停乎，开办将遵何法令乎，皆今日至急至困之问题也。窃以为民国教育，应改之处甚多，然审慎从事，决非数月所可了。仓卒从事，适足启纷扰而阻进行。为今之计，仅可去其太甚，速订简章，通行各省，以便春初开学之用。简章当注意之事如下：

甲、每年仍分二学期。阳历三月开学，至暑假为第一学期；暑假后开学，至来年二月底为第二学期（目下各种设备及教科书均为二学期制，故当暂仍其旧。俟规定新章，再采三学期制可也）。

乙、改订课程表（可参考拙著《普通教育议》）。中小学校一律删去读经。中学不分文实。

丙、小学校许男女共学。除女子特加之女红家事外，其余课程与男生一律。

丁、教科书听各省自由采用。惟以不背教育方针为限。

戊、清学部旧章，不背民国宗旨者，暂许仍旧通用。

共和国之学制，以法国为最善。法国立法之精神，全在用合议而辟独断。其合议之关于全国者，为高等教育会议（见第三年第六期本杂志）。盖兼听则聪，众人之讨论胜于一人之独断也。窃意学务总长，既宣布宗旨、颁发简章，即当召集高等教育会议。召集之方法与议事之范围如下：

甲、会员分四种。一、由各省教育总会选举，每省三人。其内小学校长、中学校长、教育行政官各一人。二、开国会后，由国会议员互选十人。今暂由参政院互选二人。三、教育部各局长及大学专门学校之校长。四、由教育总长延聘学识素著者二十人以下。以上各项会员，到过半数即可开议。

乙、会期每年一次，于暑假中举行。闭会期中，可互选会员若干人，为常务会员，备教育总长随时咨询。

丙、凡关于教育之法令、制度及行政、惩戒事项，皆于是会决之。

民国中央政府与各省之权限如何划分，实今日最大之问题。鄙意教育事项之权限，宜分别行之。法令规程，概由中央主持，通行各省。教育行政，则普通学校，由各省教育司主之，而受成于都督；专门教育，由中央规画，而各省监督。至于详细方法，非片言所能尽，姑略之。

依右述办法，其利有六：方针既定，全国有所遵循，一也；择要改革，则积弊可以廓清，二也；速颁简章，则一二月中即可据以开学，三也；组织会议，可收集思之益，四也；高等会议由各省组织，则中央可洞悉地方状况，各省又不致不服中央，五也；划清权限，既可免纷争，又可明责任而促进行，六也。至于小学如何普及，大学如何规画，经费如何筹措，皆大局底定以后之事，今日无从下手也。

（原载于1912年1月10日《教育杂志》第三年第10期）

民国教育方针当采实利主义

教育总长蔡君就任之始，以教育方针见询，余既以实利主义对之矣。后读蔡君《对于新教育之意见》，谓共和时代，当有超轶政治之教育。所举方针，为军国民、实利、公民道德、世界观、美感五端，而侧重于后二者。夫国民教育，智、德、体三者既不可偏废，各种主义自无不包含之理。采军国民主义，不能废公民道德；采实利主义，亦必不废美感教育也。夫既不能偏废而包含之矣，则兼采多数方针，实不啻无方针。譬之食物，饭肉蔬菜，人人皆食，即不能谓之嗜。而所谓嗜者，必其特好而有异于他物也。故吾谓蔡君意见，并非兼采五端，而实以世界观及美感二者为教育方针也。

夫教育方针，当与国是一致，尤当合世界之潮流，非可尽超轶夫政治也。吾民国之国是如何定之，吾不敢知。然万事根本，实在乎财。吾国大患，尤在夫贫。苟一旦民穷财尽，则国与民皆不免于破产。国家破产，外侮立乘，国民破产，盗贼愈甚，而皆不免于亡。况吾国人之习性，下等社会虽能耐劳，而知识缺乏，生活之力遂以薄弱；上等社会文弱优柔，既无耐劳之筋力，又无谋生之能力。若长此以往，恐全国皆游民皆饿莩矣。今日教育方针，亟采实利主义，以为对症之药。效果如何，尚难预必，安可更益以优柔文弱之媒哉！

实利主义，非惟药贫，实足以增进国力，高尚人格。非此，则他四主义亦将无所附丽。足食方能足兵。生计不裕，侈言尚武，则大乱随之。古今中外，断无无财而可以强兵之理。况今世战争，恃力者三，而恃财者七。无财则任何勇武之国民必不足以取胜，此军国民主义之有恃乎实利主义者，一也。衣食足而后知礼义。饥寒不免，则道心变为盗心矣。此公民道德主义必恃乎实利主义者，又一也。出世间之观念，优美尊严之感情，非不美也，然过于重视，则不免流于优柔文弱。数千年来吾国教育方针之误，即误于此。孔孟之轻利重义，黄老之恬退无为，其成效既如彼矣，今日顾可继以世界观、美感二主义以益其误耶！

且夫教育宗旨，以养成“人”为第一义。而人之能为人否，实以能否自立为断。所谓自立者无他，有生活之智识，谋生之技能，而能自食其力，不仰给于人是也。欲达此目的，非采实利主义为方针不可。若世界观、美感二者，可以之为养成文学家之方针，可以之为文科大学之宗旨，非普通国民教育所当重也。

实利主义云者，非惟实业，非惟手工图画，盖此特其形式也。其精神所在，则勤俭也，耐劳也，自立自营也。举凡一切为人之德义，实利主义之教育无不含之。人人能勤俭、耐劳、自立、自营，则民智民德进而社会国家亦进步矣。今世各文明国，若英、若美、若法、若德、若日本，其教育皆有注重实利主义之倾向。质言之，则人之维持生活既为人生第一要事，教育人人使能维持其生活，或更从而进步之，斯教育之目的达矣。满清时代，愈兴教育而人民愈贫，道德愈下者，即以不注重实际教育，不能裨益于人民生活，而子弟谋生之能力愈薄弱也。（余前岁为商务馆招考学徒，今岁又为中华书局招考学徒，诸生大率入学数年，略解粗浅文字及笔算，于习字、珠算及生活知识，什九皆不合格；刻实耐劳者亦不多覯。而女生入学数年，家事知识、女红技能，毫无所解，仅知以女国民自命。此种社会，若不急施实利主义之教育，而欲与英、德、法、美诸国竞，其不贫且弱者，殆无天理也。）

窃谓民国教育方针宜以实利主义为标帜，勤俭耐劳为学风。普通人民，宜令具生活之知识技能；俊秀之士，宜令备指挥监督之才，或注意于研究发明。人人有谋生之力，生活稍裕，则可以为军国民，可以为公民。其上焉者，可以研究哲学，求出世间之知识，养美丽尊严之感情。若于今日而欲泯人我之差别，去幸福之营求，窃恐利未睹而害已随之。此种思想讲学则可，定为全国教育方针似非所宜。愿蔡君及教育界同志共研究之。记者于百忙之中，偷暇草此篇，言未尽意不达也。

（选自《教育文存》卷一，中华书局1922年2月版）

著作家之宗旨

有物焉，其盈绌不足为富贫，其有无不关于生命。人之视之，不若其于衣食住之切也。然而，世界各国莫不以其良楛，为其国文野之比例差，以其多寡为其国强弱之比例差。理想也，言论也，政治也，军事也，实业也，过去之历史也，现在之大势也，莫不藉之以传以播以进步，或以灭人国焉，或以绝人种焉，或以鼓吹一己之宗旨焉，或以转移世人之心意焉。呜呼！其效用宏矣，是安可以不研究？

苏子曰：悦于人之耳目而适于用，用之而不弊，取之而不竭，贤不肖之所得，各随其才。仁智之所见，各随其分，才分不同而求无不获者，惟书。西谚亦有言曰：良书之可信，逾于良友。There is no friend so faithful as a good book。又曰：恶书之害，甚于盗贼。There is no worse robber than a bad book。呜呼！何其言之深而切也。夫菽粟布帛之益人，舰炮战阵之卫人，盗贼之害人，兵燹灾祲之死亡人，固人世之至可乐、至可安、至可危、至可惨者也。然其事至著，其机至显，其辨之至易，非于无声无臭之中利害人也。若书则不然，善恶无定形，优劣无定程。此所谓善，彼或以为非矣。彼所谓善，此又或以为非矣。今日所谓善，他日或以为非矣。他日所谓善，今日又或以为非矣。其所以为善恶之地虽殊，然其以利人为鹄，则一也。其所以为善恶之时虽异，然其以适合为的，则一也。其为善也，足以涵性情、培人格、增知识、造舆论、泯祸乱、促进化，菽粟布帛舰炮战阵无其效也。其为不善也，足以荡心意、涸性灵、淆是非、深迷信、损财产、致死亡，盗贼兵燹疫疠灾祲无其酷也。呜呼！社会之盛衰，国家之存亡，国民人格之高下，端于我著作家是赖，我著作家之责任，顾不重欤！

著作物之为用，既如彼其宏，著作家之责任，既如此其重，我著作家诸君，其亦有以副其责而宏其用乎。夫教育者，国民之根本。著作者，教育之津逮。而宗旨者，又教育之标准，而著作之的也。水无源则涸，木无根则折，国民无教育则愚弱以亡，教育无著作则孤立以殆。教育著作无宗旨，则涣散离奇，而国民随之以弊。有宗旨而无良教育、良著作者有之矣，未有无宗旨而有良教育、良著作者也。闻者苟疑我言，盍亦证之近数年之出版界教育界乎。

近日谈教育者，纷纷言定宗旨矣，然其宗旨果安在哉？谓其在上乎，上固以官吏主义为宗旨也。谓其在下乎，下固以模仿主义为宗旨也。其尤殆者，有若骑墙主义，有若敷衍主义，有若教会主义，有若殖民主义，殆无一可为我国民之矜式，而遗毒将靡所底止也。骑墙、敷衍二主义，多出于顽固愚冥者，吾不屑言。吾惟言官吏、模仿、教会、殖民四主义。

我国自汉以来，无所谓教育，尤无所谓宗旨，特藉学校科举为入官之预备而已。我国不能改革，不能变法，论者每归咎于行之不力。殊不知皮之不存，毛将安傅？既无所谓旧，安有所谓新？今兹所孳孳兴教育者，特一变其形式之象而已，非能真振作精神而新之也；特一变其入官之途而已，非能真培植国民而立之也。况生徒考验之侥幸，教科设备之不完，习气之骄嚣鄙卑，精神之颓唐萎靡，极言之，奴隶教育而已。以是而言普及，是率全体国民为奴隶也。且人人入学，人人皆官，禹域虽广，又安能容。势必不入官者，仍惜不学，工、商、兵、农、妇女，昏愦如故，愚弱如故，供士夫之牛马、男子之玩好而已。夫一国之民，入学者为奴隶，不入学者为牛马、为玩物，国何恃以立？民何恃以存？吾恐教育形式之纷挐，即吾国灭亡之先驱也。呜呼！天演日烈，竞争日艰，人进以丈，我进以尺，已不能逃淘汰之劫，况人进以丈，而我未尝进乎！况人进以丈，而我退尚不止以丈乎！试合其正负之数而计之，讵不令人警且惧乎？此官吏主义之不可恃也。

世界文化之日进，模仿性质，实尸其功。苟非模仿，则改良难期，而进步缓矣。然有意识有择别之模仿固善，无意识无择别之模仿，实足遗毒于无既。盖模仿也者，择人之善而模仿之，以改良己之不善，非尽舍故我而一一从人也。我国千年以来，狃于积习，困于政体，风俗日漓，国力日衰，民德以偷，民智以痼，非廓清摧陷模仿建设，必不可期振兴，是固然矣。然谓我国固有之特质，竟无一可取，必惟碧眼白晰者是则是效，窃未敢附和也。近日社会上最有势力之议论，曰文字改良，曰言语改良，曰政体改良，曰风俗改良，曰婚姻改良，曰服装改良，曰何，曰何，我非顽固不化之辈，讵敢非议。所不解者，则彼所唱改良者，大率枝叶之末，甚者或以便其自私自利焉，或以遂其醉心欧化焉，或则随人附和慕欧美饮食起居之华美焉，或则见他人以之致强而贸然效之焉，从无探本清源、洞悉社会之情状，深知改革之精意以事改良者，极言之，猿猴主义而已。以是而言教育，势必易缠足为细腰，变佛老而基督，仍归于愚弱迷信，以澌尽泯灭，于国家之衰亡无补，于社会之积习无裨也。此模仿主义之不可恃也。

至若教会、殖民二主义，愈为我国之隐忧，而我国民愈宜注意者也。夫国与国有相睦之势，无相亲之理。即使其相亲，亦为自谋其幸福耳，岂真博爱为怀，慈航普渡耶？吾见教会教育蔑视祖国，外人译著祖其所托矣。虽然，是不足怪，盖为我之心，人所具有。假使我传教于他国，我著译于他国，我亦必不愿为人树设以我敌也。吾惟怪吾人，不特不明此义，且相率而趋之。试一考夫全国学堂所用之书，有不令人悚惕者哉！彼日本于满洲何亲，而干戈甫息，遽令嘉纳谋其教育。我国教育之萌芽未茁，而营书籍仪器业于我国者，踵相接也。吾国民犹未醒乎，印度为英人教育所熏化，台湾为日人教育所熏化，已非夏前此之印、台人矣。书籍诚最善之无形感化物，最精之灭国无烟炮哉。吾学识浅陋，不能为读者广征博引，吾惟愿读者读波兰亡国史、越南亡国史、埃及史、犹太史，吾惟愿读者读英人之印度读本，日人之台湾读本，吾更愿读者参英美之国民读本，日本之小学读本，及吾国外人所编各教科书而读之。呜呼，吾神怆矣！此教会、殖民二主义之不可恃也。

抑是四主义者，宁不可恃而已哉，实鸩物也，鸦片也，砒霜也，饮之立毙；利刃也，后膛枪也，绿弗炮也，触之即伤。然则我国民竟随教育著作而永沉沦乎？曰：是又不然，请待下月读我之下篇。

余草是篇竟，余言未竟也，愿读者于言外思之，并自觅其凭证及究竟。

余草是篇竟，深自憾不文，未能毕达所欲言，然即此所言，著作家之宗旨及现状之危险已略具矣。

上篇言不良之宗旨为害，消极的也。下篇陈著作家所当持之宗旨，积极的也。然此之非，即彼之是，不必读下篇始可得其故也，余为是欲中止。

（原载于《图书月报》1906年第1期）

论国定教科书

近数年来，我国教育，渐形发达，教科用书，虽有多种，然求一适用之本，卒不可得，此教育界极危险之事，而亦吾国之耻也。今夏学部有审定初等小学教科用书之举，近复有教科书之编辑，虽尚未出版，莫由知其详，然以管见言之，则不论教科书应否国定，而我国今日之教科书，决不可国定；即使必欲国定，亦当有种种预备，决非聘十数人，设一局所，仓卒下手，遂可以集事也。

夫国民教育，必求统一。盖非统一，则情不相通，而同国如胡越矣。此教科书当国定之说也。然统一可渐而不可骤，可诱掖而不可勉强。日本明治初年，其主持教育者，岂不知统一之要，而国定教科书，直至明治三十六年始出现者何也？盖彼深知素不统一之国民语言歧，风俗异，而欲强之使统一，反恐道迂而效缓。故明治二十三年、三十三年之《小学校令》，皆有文部省检定之图书一科有数种者随地方择用之条，三十七年国定教科书颁行之后，仍未废此条，特稍狭其范围而已。以日本蕞尔小邦，尚必从事教育三十年之后，乃能求其统一，而谓我国之地广人众，反可咄嗟行之乎？此我国今日之教科书所以不可国定也。况日本国定教科书未出之前，有国语调查会、教育研究会之调查研究，各学校之实验，各编著家之经历，夫然后有国定。盖小学课本之编辑，极非易事，为书仅数册，而必备人生所不可缺之知识，又必审儿童心理发达之顺序，毋遗倒绷之讥。而一国有一国之特点，他国人生不可缺之知识，未必即为我国人生不可缺之知识，他国儿童心理发达之顺序，未必即为我国儿童心理发达之顺序。不宁惟是，我国南人不可缺之知识，未必即为北人不可缺之知识，南人儿童心理发达之顺序，未必即为北人儿童心理发达之顺序。此必深明教育且精生理之人，假以时日，详细调查，审慎研究，然后可冀其有当，决不可闭门造车，遂欲出而强合其辙也。此所以即使国定亦必有种种预备，而非仓卒下手所可集事也。

预备之道奈何，曰有精神上之预备，有行政上之预备。精神上之预备有三：一定宗旨，勿惑于顽固不化之学说；二振精神，勿以敷衍了事；三虚心，勿自是，当广采忠言。行政上之预备，更仆难数，学制编定，不待言矣，其尤要者，则设调查会。其调查科目，如各地言语之异同，社会上习见之事物，应用之字究有若干，儿童身体心理之发达，究至几岁可入学校，以后逐年之发达如何，课程之次序究应如何排列，教材究应如何选择。其会员或延聘专人，或通信顾问，而其人之资格，极宜慎择，不可滥竽充数。研究有得，调查既备，然后可言国定教科书也。

或疑研究调查，非假以岁月不可，其何以应今日之急需？则应之曰，是不难。仍任民间编辑，学部监督审定可矣。盖民间编辑，则优胜劣败，自为菀枯；且加以学部之监督审定，自无逾越范围之患也。吾国人之心理，最信服政府，苟一国定，则无人敢言其非，而全国风行，虽有民间编辑之善本，亦必不用。国定而善也，吾人固受其福；设有不当，其遗害将何所底止哉。况编辑之人才，亦由经验淬砺而出，若民间不编辑，则竞争既无，更何由得淬砺。吾恐教科书国定之后，难期再有进步矣。然此固杞人之忧，吾甚望吾言之不验，吾更望学部之审慎也。教科书之于教育，犹锄犁之于耕。无炮械不可言战，无教科书不可言教育，此人人之所知也。我国教育之不振，由于教科书之未完善，又人人之所知也。

近闻学部有编纂教科书之举，且将颁行国定教科书之举。吾始闻而喜，继而疑，终乃戚然大惧，惧以此阻我全国教育之进步耳。

我国之言教育亦已久矣，简派学务大臣，设立专部以司教育行政，又有年矣。彼时未闻编撰一书，以为模范，徒藉空言督责，则不得不咎所司之旷职。今乃毅然设局编书，吾所以初闻而喜也。学部既不编书，乃有一二学者，知是举之不可缓，从事纂集，虽未臻完善，而荜路蓝缕之功，要不可没。书贾觅其有利，相与投资而经营之。数年间，创立公司以十数，出版种类以百数。其间杂乱无章，为教育之蠹者，固不可胜数，而规模略具，足以应一时之用者，间亦有之。学部于此，宜奖励其良者，禁止其不良者，示以程式而监督之，使日进不已，不十年间而吾国之教科书，不可胜用矣。今乃见其有利，思从而垄断之，吾所以不能无疑也。虽然，学部所编，果有以逾人，吾亦何责焉。诚思一部之资本几何，一部之人才几何，果能尽兼众人之长乎？宦海中人，从事著述，果能人人尽心竭力而毫无所外慕乎？书既出版，良否自有公论，果能以一人手尽掩天下目乎？天演公理，有竞争而后有进步。教科书果为国定，绝人销售，又谁肯虚掷财力心力以经营之？以全国四万万人之教育而委之学部数十人之手，一成不变，其必无良果可想而知。即令多聘通人，时时改良，更采私家著述，兼收并蓄，而百家俱废，只出一途，竞争不烈，进步必迟，可决然也。

抑吾人闻教育之道，只时变迁，因地制宜，不可一例而视。故所居既异，所需之智识亦异，今试举其大者言之。都会之民，宜养成工商之智识；山野之民，宜养成耕牧之智识；海筮之民，宜养成鱼盐之智识，此其一也。教育幼童，当由易及难，由已知及未知。我国地方广大，风俗物产不同，则选择教材不能不随地而异，此又其一也。道德教育，宜人人所同矣，然风俗既异，所以纠正之方白不能不异。国奢示俭，国俭示礼，古有明训，此又其一也。生理卫生，宜为人类所同具矣，然地气有冷暖之分，所居有山海之殊，则防御之道亦从而别，此又其一也。诸如此类，不可枚举。试问国定教科书，何以处之？吾意今日各省官私各局，既多有编纂之举，学部正宜因势利导，甲乙而可否之。成书既多，各地学堂，就其所宜，自由选择，便孰大焉。英、法等国，壤地不及我之十一，而同类之教科书，至以百计，盖不如是不足以供民间之选择耳。

或疑私家著述，宗旨各异，程度不齐，难收一道同风之效。不知学部既有审定之权，则教科书之行用与否，学部实司之，固不必过虑也。欧美各国教科书，多用自由选择政策，即日本亦然。故著述日益多，教育日益进。日本近因书贾射利，多方运动，遂兴大狱，文部省乃改行固定之制。议者谓因其大噎废食，阻教育之进步，逆料其必不可久。然日本教育基础既固，人才众多，编纂教科书者，多由学堂出身，有数十年之经验，故文部省编书尚有所藉手。我国教育幼稚，编纂者阅历未久，任其自由竞争，悉心研究，合全国之学子以图之，欲求完善之书，尚须期之数年以后。乃欲以国定教科书统一之，无异始萌之木，倚为栋梁，初生之驹，责以千里，其必不可得矣。吾愿学部三思而审处之。若以部用不足，借印刷发行为经济上之政策，则非吾之所敢知，尤非吾之所忍言矣。抑吾更有一言以贡于学部者，审定教科书，关系甚大，诚宜慎重从事，然尤不可稽延太久，致民间无所适从。学部所有审定教科书，自去年四月颁发初等小学书目后，迄今将一年，阒然无闻。此外如高等小学，如中学，未见有一书之审定者，即旧年四月以后，新出之初等小学各书，亦未见有一书之续行审定者，此迟缓之实证，无可讳者也。吾意学部宜移编书之力，以从事于审定，民间一有出版，随购随阅，评其优劣，以官报公布之。其合审定之程度，固应及早宣示，便人购求；即不审定之书，亦宜分别等第，使天下共见共闻。我国教育幼稚，编纂乏人，欲求各学堂各科目之书，皆有以合审定之程度，必非年月间之事。则何如将不审定之书，详加评批，其稍善者，既可暂应一时之用；而体例芜杂，宗旨悖谬者，亦不至于贻误学界。学部为全国教育指南，断不可多所顾忌，默尔而息也。

（原载于《图书月报》1906年第3期）

暑假中教育家之修养

时当盛夏，溽暑困人，各地学堂，皆以暑假休业。诸君利用此时，将何为乎？自卫生上言之，则一年勤苦，得此三四旬以为休养，不无裨益。自学业上言之，则平日少暇，不能充足自修，得此长夏，以研究其素志之学术，亦属至佳之事。自见闻上言之，则平日为业务所羁，不能远游，得此机会，以达其长风万里之志，尤为快事。今就鄙见所及，略述一二，诸君其有意乎？

暑中之卫生　盛夏之际，天气暑热，细菌丛生，无论居家出外，皆宜确守卫生规则。家居者晨四时起，为冷水浴、室外散步等，五时至六时修学，六时至七时早餐、休息，七时至十时修学，十时至十二时扫除、休息，十二时至二时午餐、休息，二时至六时或运动，或游泳，或弄音乐，六时晚餐、休息，八时就寝。夏日消化迟钝，当少食油腻之物。

海水浴　海水浴极有益于卫生，其功效有十一：（一）海上空气浓密，可吸人多数酸素，有益于肺；（二）海上空气清洁，无煤气、瘴气、尘埃；（三）海上空气湿而富于盐分，可强健呼吸器；（四）海气温度均一，可免感冒；（五）海水浴可固皮肤；（六）增进食欲；（七）减尿之分泌；（八）增体重；

（九）盛血液循环；（十）增筋力；（十一）兴奋神经。如不能海水浴，而获移住海滨，亦能获益。至其当注意之事有九：（一）孤岛空气，较接大陆之海滨尤佳；（二）宜择北面围以高山之处；（三）行浴时期以夏至至白露为宜；（四）行浴日数、次数，依人之体质不同，大概三四星期为宜，每日先浴一次，渐至二三次；（五）浴一次之时间，以二十分钟为宜；（六）出浴后宜以毛巾用力摩擦；（七）海水浴时当禁酒；（八）宜早寝早起，勿昼寝；（九）宜备草帽御日。

吾国位于大陆，海岸甚少，最适于夏游者，浙江宁波之普陀，山东之烟台、青岛，直隶之北戴河，福建之厦门、鼓浪屿，皆汽船汽车可通之处，往来甚便。

山居　内地觅海不易，觅山尚不甚难。山居益处，与海滨仿佛，能得温泉或清泉沐浴，则与海中无异矣。外人往避暑之处，如九江之庐山，湖州之莫干山，福州之鼓山，河南之鸡公山，交通较便。庐山有西式旅舍，饮食起居甚适，尤佳。

游历　游历既有益于见闻，又有裨于卫生，诸君可各往平日所欲游之地。如欲参观学校及新式工厂，可往津、沪或日本。如能游东三省、蒙古，或沿海沿边各要地，有所调查，尤有裨于政治及教育。惟交通不便之处，长夏旅行，颇形困苦，尤有中暑中疫之患。随身备药，如痧药水、如意油、薄荷油、卧龙丹、金鸡纳霜之类，以多带为妙。蚊帐亦不可不带。

修学　暑中可各就所爱读之书籍，喜研之科学，自由修习。惜吾国暑中特设之讲习会，不可多觏，舍自修外，无他术耳。

暑中最适之修学有四。（一）文学。可阅读《古文词类纂》

《经史百家杂钞》《古今诗选》《词综》等。能得古今文钞，或各家专集尤佳。（二）动植物。读书之外，可就游历之处，实地研究。（三）书画音乐。既修技术，又可娱乐。（四）教育及哲学。惟此类之书，吾国出版不多。商务馆之师范讲义，于教育、伦理、心理、论理、管理法、教授法略备，惟仍嫌不详，可备初学之研习，不能供教育家之参考也。

读杂志小说，亦暑中娱乐之一种。杂志以《东方杂志》（全年十二册、三元）、《国风报》（全年三十四册、六元半）、《小说时报》（每年十册、五元五角）、《小说月报》（每年十二册、一元五角）为佳。单行小说，出版甚多，商务印书馆、小说林、群学社皆有之。余则尤爱林琴南先生所译各种，文笔情节，独出冠时，既可娱乐，又可学文，暑中读物之至佳者也。

（原载1911年《教育杂志》第三年第6期）

论中央教育会

本年学部仿日本高等教育会议之制，奏开中央教育会于京师，将以集思广益，补助教育行政，甚盛事也。开会一月，重要议案通过者甚多。记者幸得与于旁听之列，今特本所闻见，略论述之，以为留心教育者告焉。

当记者之初至京师也，人言啧啧。赞成兹会者有之，嘲笑兹会者亦有之，大概可分为三派。甲派之言曰："吾国新政之成绩，当以教育为最著。然上下之情，暌隔太甚，各省状况，与夫民间之经验，学部不尽知也，故措施之间，未能尽当。学务大臣忧之，特开斯会，冀沟通难解之疑问，滞塞之情形，以便措施。自此以后，吾国教育之进步，殆可一泻千里，沛然而莫之御乎！"乙派之言曰："学部去年受资政院之质问，颇觉困难。特开斯会，罗致资政院有力之议员，以免今年九月再受抨击。此议发之一二司长，学务大臣赞成之。然侍郎丞参，并不以为然，谓其未必能免资政院之抨击，而将先受中央教育会之困难，不如不办云。"丙派之言曰："筹备清单，今年有拟订定国库补助小学经费章程、试办义务教育章程、颁布国语课本等事。去年陆海军部，又有奏准军国民教育方法一案，学部虑其事之难行，欲经中央教育会否决，便可取消。斯会之开，实消极的而非积极的也。”此三派之言，绝不相同，未敢判其是非。数月之后，观议决各案之进行如何，即可参透此中消息，固不必今日臆度也。

本届议决各案，裨益于初等小学者最巨。若义务教育章程，若国库补助小学经费案，若国库补助养成小学教员经费案，若变更初等教育方法案（列手工为必修科，不设读经、讲经科目，男女同校），皆直接间接助初等教育发达者也。就中尤以初小男女同校，关系尤大。盖不如是，则女子终不能受义务教育也。而顽固之俦，方斤斤力争，以为有妨礼教。夫男女同处社会之中，于尊严之学堂，则不许髫龀之男女同校，于游戏之处所，则任年长男女之杂沓，诚不知其用意何在。况青年男女违礼之行，决不出于学校，尤决不出于十岁以下之共学，此吾敢断言者也。至于初小不设读经、讲经科，新旧之争尤烈。林传甲痛哭流涕，以为是亡国举动；孙雄袖上谕读之，以为箝制人口之计。可笑亦可怜矣！夫经之为物，其用有四：精义格言，人人所当服膺，则采入修身课本可也；治平要道，为国者所当力行，则法政大学及专门法政学堂编入讲义可也；文章古雅，可资风诵，则选入国文读本可也；事实制度，古史所征，则讲习历史，用为参考可也。诸君竞言尊经矣，抑知所以尊之之道乎？夫粱肉非味之至美者欤，然以饲婴儿，适足以戕其生。初小之不读经，岂谓经之不美乎，亦以儿童读而不解耳。况各经之中，皆有精义，与其专读一经，食而不化，何如选择各经之精华，分别浅深，配列高中小各学年，编入修身课本、国文读本，令其能读能解，且可责其能行乎。见不及此，而徒争意气，自命有功圣教，吾恐孔孟程朱复生，未必肯认为功臣也。分辨事理之不胜，至藉帝王之力，以箝制人口，圣人之徒，固如此乎？初小须加课《夏小正》《尔雅》（孙雄主张），亦上谕所规定乎？若谓上谕为永不可变，则祖宗之法可不变，科举可不停，学堂可不兴，学子日讨生活于五经诗书足矣，何必言教育，更何必开中央教育会也！停止奖励案，赞成者甚众。若沈君恩孚、陈君敬弟、姚君汉章、汪君荣宝所论各节，皆极透彻。反对者左支右绌，理由不足，故终以大多数通过。此实教育上之大关键。此案实行，则教育上种种窒碍，可消其大半矣。彼反对此案者，亦非真正心为教育，以是为提倡之资也。其心理大概不外两种：一则部中人员之一部分，以为舍此则学部无以操纵；一则自己子弟，方在高等以上之学堂肄业，如果停止，则垂得之翰林、主事、知州、知县，立即不翼而飞，岂不可惜。故颇有主张宣统五年实行者。盖彼时己之子弟，业已卒业，停止与否，非我所与知矣。（余过天津时，有某君者为〇〇公所科员，曾再三询余：停止奖励即实行否？余漫应之。后询知其二子，一在北洋大学，一在高等工业，明年皆可卒业，故如是注意也。）幸此利禄之途，自爱者不敢过于力争，而又无尊圣之标帜，上谕为护符，加以已得官者，方恨后进之过多。故为此案之梗者，终于不胜也。

军国民教育议案，争论亦极激烈，然皆有所蔽。赞成者理由完足，吾固极表同情。但此事何事，而可明白宣布乎？夫此案之精神方法，皆普通教育所有事，规定于各项章程之中足矣。初不必别为一案，大加鼓吹，外以招敌国之疑忌，内以启学子之纷嚣。此吾于赞成一派，不能不为忠告者也。反对派之主张，纯然消极，好以打靶言之。学堂打靶，虽不能无弊，然若行之得宜，则利浮于弊，可断言也。如因偶有流弊，遂谓其不可行，则因噎废食之见耳！充斯意也，陆军偶有哗变，即停练陆军；医药时或杀人，即可禁止行医，有是理乎？学堂打靶，犹得曰偶有流弊也，若夫体育会打靶，则毫无流弊之可言。卒因林炳章之一言，而以九票之少数否决。林炳章之言，会员固未听明，后列会员，遽尔起立，殊为误会，亦中央教育会之污点。而会场建筑之不善，实尸其咎。盖林炳章并未看清修正案，所言者皆学堂打靶之弊，并未及体育会只字，而遂贸然以体育会不打靶通过，洵异闻也。

统一国语，为当今第一急务。统之之法，必须音标，无待言矣。音标之要点有三。音符正确，一也。今用汉字，则不免各以其同有之音读之，必难保其正确矣。语音完备，二也。今则仅以京音为准，将来各省之音，势必归于消灭矣。符号优美，三也。今则汉字之上，加以点圈横竖，殊不美观。无论何国字母，皆未见其如此之凌杂也。夫国语编辑调查，必用多数解国语之人，不可用一二语言不明之人，今尽委之高君毓澎。夫高君之言，常居北京者，亦不能尽解，试问彼日一时间之演说，听明者几人，讵能令通行全国乎？而又用汉字为音标，根本方法已谬矣。会中仓卒研究，固属不可，然令各会员各述意见，于七月内呈部，不加讨论，吾殊不谓然。恩君华言今年各员自行研究，草具说帖，明年大会再议，自属正当办法。而以限于筹备清单之故，不能待之明年，此说遂不行。甚矣，筹备清单之卤莽灭裂，而遗害无穷也！

就议决各案观之，成绩卓然。第一次开会已能如是，实可喜之现象。惟今年之弊有三。一则朝野显分二派，时为无谓之竞争。一则各省会员，纷纷提议，深明教育之会员，不能以同一之眼光，向同一之目的进行。（变通初等教育方法案，本为联合会议决案，各员合力进行，故结果独佳。）一则会场房屋，不能聚音，常有误听之处。窃谓明年当于此三点注意，则成绩必更可观也。

（原载于1911年《教育杂志》第三年第8期）